# La réforme des retraites expliquée... au gouvernement

Du même auteur

*Atlas des inégalités. Les Français face à la crise*, 2e éd., Autrement, 2023

*Tableau historique de la France. La formation des courants politiques de 1789 à nos jours*, Seuil, 2022

*Il n'y a pas de grand remplacement*, Grasset, 2022

*Le Grand Enfumage. Populisme et immigration dans sept pays européens*, Éditions de l'Aube, 2022

*Serons-nous submergés ? Épidémie, migrations, remplacement*, Éditions de l'Aube, 2020

*Se sentir mal dans une France qui va bien. La société paradoxale*, Éditions de l'Aube, 2019

*Malaise dans l'identité*, Actes Sud, 2017

*L'Âge des migrations*, Autrement, 2017

*Le Sol et le sang. Rhétoriques de l'invasion*, Éditions de l'Aube, 2016

*Anatomie sociale de la France. Ce que les Big Data disent de nous*, Éditions Robert Laffont et Maison des sciences de l'homme, coll. « Le monde comme il va » et « Interventions », 2016

*Le Nouvel Ordre électoral. Tripartisme contre démocratie*, Seuil, coll. « La République des idées », 2016

*Le Pari du FN*, Autrement, 2015

*Pays de la Loire. La forme d'une région*, Éditions de l'Aube, 2014

*Le Mystère français* (avec Emmanuel Todd), Seuil, coll. « La République des idées », 2013

*L'Invention de la France. Atlas anthropologique* (avec Emmanuel Todd), Gallimard, 2012

*Vie et mort de la population mondiale*, Éditions Le Pommier et Cité des Sciences de la Villette, 2009

*Les Quatre Mystères de la population française*, Odile Jacob, 2007

*Immigration positive* (avec Jack Lang), Odile Jacob, 2006

*La Démographie*, Odile Jacob, 2005

*L'Europe jusqu'où ?* (avec Alain Duhamel et Philippe Moreau-Defarges), éd. de l'Atelier, 2004

*Une autre France. Votes, réseaux de relations, classes sociales*, Odile Jacob, 2002

*Naissance de la mortalité. L'origine politique de la statistique et de la démographie*, Seuil, 2000

*L'Invention des populations. Biologie, idéologie, politique* (dir.), Odile Jacob, 2000

*Essai de géométrie sociale*, Odile Jacob, 2000

*Le Démon des origines. Démographie et extrême droite*, Éditions de l'Aube, 1998

*Marianne et les Lapins. L'obsession démographique*, Olivier Orban, 1991

Hervé Le Bras

# La réforme des retraites expliquée… au gouvernement

Flammarion

ISBN : 978-2-0804-3221-6

# Introduction

Tout a commencé dans un bureau de l'Élysée. Un conseiller d'Emmanuel Macron m'avait demandé de passer pour une explication. D'entrée de jeu, il me reprocha d'avoir écrit dans le journal *Le Monde* que le gouvernement manifestait « un certain mépris pour les données et plus largement pour la science » dans la conduite de la réforme des retraites. À bout d'arguments car ma remarque était assez évidente, il en vint au fait : 30 milliards de déficit actuellement, n'est-ce pas une donnée dont votre science ne parle jamais ? J'étais estomaqué. Jusqu'alors, les ministres n'avaient cité que des déficits assez modestes à terme et un léger surplus du système des retraites en 2021, chiffres qu'ils tenaient du plus récent rapport du Conseil d'orientation des retraites, le COR, cité dans la proposition de loi. Le conseiller ajouta que le déficit était dû au renflouement de la caisse de retraites des fonctionnaires. D'abord incrédule, je me suis souvenu d'un long passage relativement obscur du rapport du COR où le chiffre de 30 milliards était évoqué une fois, puis évacué.

Ces 30 milliards de déficit sont bel et bien réels. Le conseiller venait de fournir la clé ou le fil rouge pour comprendre le déroulement bizarre des opérations depuis la proposition de loi sur le système à points en 2020 jusqu'à l'usage brutal de l'article 49-3 lors de la réforme de 2023 : la volonté d'imposer une réforme systémique (les points), le refus de revenir sur le retard d'âge (65 puis 64 ans pour toucher la retraite) qui a bloqué toute négociation, la discussion précipitée dans les deux chambres, la faiblesse de l'argumentation du gouvernement ou sa roublardise illustrée par le leurre d'une retraite minimale à 1 200 euros par mois, entre autres exemples, la prétendue urgence ; la réforme ou la faillite, avait annoncé le ministre Attal en ouvrant les débats à l'Assemblée, l'abandon de la loi précédente sur le système à points pourtant passée à l'Assemblée (avec le 49-3 déjà), etc. La séquence chaotique des trois dernières années prenait soudain un sens à la lumière du déficit de 30 milliards, en quelque sorte dissimulé par celui qui avait pourtant le plus intérêt à le résorber, le gouvernement. Les pages qui suivent montreront la cohérence des événements qui se sont précipités dans un mélange de machiavélisme amateur, d'incompétence arrogante, de calcul politique et, plus surprenant, de faiblesse.

# Chapitre premier

## L'art de la prévision et la manière

Lorsque Giscard d'Estaing accéda à la présidence, il désira supprimer le commissariat général au Plan, qui programmait le développement de la France cinq années par cinq années depuis la fin de la guerre. Le président de la République considérait que la planification était un instrument des régimes communistes, un instrument obsolète et surtout contraire à sa conception libérale de l'économie. Pour ne pas paraître régler des comptes idéologiques ni se débarrasser de l'avenir, il décida de commander des exercices de planification à long terme. Comme souvent dans ce genre d'initiative, on commence par la population. Il demanda donc à l'Institut national d'études démographiques, l'Ined, de réaliser une projection de la population française jusqu'en 2075, soit sur un siècle.

## Prévoir la mortalité en 2075

Le directeur de l'institut était flatté, mais embarrassé. Il fallait décider quel chercheur prendrait en charge l'opération, et il n'y avait pas de candidat, tant l'affaire semblait hasardeuse. Comme dans la chanson du petit navire, le plus jeune fut désigné, en l'occurrence, ma personne. Aidé d'un économiste, Georges Tapinos, nous réunîmes trois groupes de spécialistes, l'un pour définir les évolutions possibles de la fécondité, le deuxième, celles de la mortalité et le troisième, celles des migrations. Prévoir l'évolution d'une population est en fait assez simple dans son principe. On démarre pour chaque sexe avec la population répartie en classes d'âge que l'on fait glisser une par une d'une année à la suivante en soustrayant les décès et en ajoutant le solde migratoire. Le nombre des nouvelles naissances est calculé chaque année à partir de l'effectif des mères auxquelles on attribue une probabilité, variant avec l'âge, d'avoir un enfant dans l'année, le taux de fécondité par âge[1].

## Surprise de la mortalité

Le groupe chargé de prévoir l'évolution de la mortalité de 1975 à 2075, année par année, âge par âge, tomba rapidement d'accord. L'espérance de vie ayant progressé de moins en moins depuis 1960, il estima que l'on était proche du maximum possible. L'espérance de vie des hommes étant de 68 ans en 1975, il fut retenu qu'elle augmenterait très lentement pour atteindre 70 ans en 2075. Les femmes furent un peu mieux loties, puisque leur espérance de vie devait passer de 76 ans à 80 ans un siècle plus tard. Les projections de population réalisées à l'époque par l'Insee avaient adopté les mêmes hypothèses et les conservèrent encore en 1979 dans leur actualisation[2]. Or, à partir justement de 1975, la mortalité commença à reculer rapidement aux âges élevés. L'espérance de vie s'accrut vite pour atteindre en 2019, à la veille de l'épidémie de Covid, 79,7 ans pour les hommes et 85,6 pour les femmes. Bien avant le terme de 2075, les progrès avaient donc été cinq fois plus importants pour les hommes et près de trois fois plus pour les femmes, par rapport à ce qui avait été prévu. On ne comprend toujours pas bien la raison de la baisse soudaine et rapide de la mortalité qui commença en 1975, mais les projections de population en ont petit à petit tenu compte, en prévoyant que l'espérance de vie continuerait à augmenter à un rythme soutenu – et elles s'y tiennent encore maintenant, alors que, depuis une dizaine d'années, à nouveau, l'espérance de vie tend à se stabiliser.

## L'optimisme du Conseil d'orientation des retraites, le COR, en 2019

L'évolution de la mortalité est un paramètre essentiel dans l'équilibre des régimes de retraite. Si les progrès sont rapides, le nombre de personnes âgées, donc de retraités, augmente vite, plus vite même que celui des actifs, ce qui pose des problèmes de financement dans les années à venir. Le Conseil d'orientation des retraites (COR), qui projette à court, moyen et long terme les recettes et les dépenses du système des retraites, doit donc adopter des hypothèses d'évolution de la mortalité. Sagement, il reprend les dernières projections élaborées par l'Insee, qui comportent plusieurs variantes. Dans son rapport de 2019[3], sur lequel s'était appuyé le gouvernement pour lancer sa réforme des retraites à points, le COR avait utilisé l'une des projections de l'Insee selon laquelle l'espérance de vie des hommes à l'âge de 65 ans augmenterait au rythme d'une année tous les 7 ans et d'une année tous les 8 ans pour les femmes. Or, de 2011 à 2019, l'augmentation a été de plus en plus lente, au rythme d'un an tous les 12 ans pour les hommes et tous les 17 ans pour les femmes. Puis est arrivée la pandémie, si bien qu'en 2022, le niveau de 2019 n'a pas encore été récupéré[4].

On assiste en fait à un retournement de tendance, inverse de celui de 1975, sans que l'on puisse présager s'il se poursuivra à long terme. Beaucoup d'indices vont cependant dans cette direction, tant en France que dans d'autres pays développés. Aux États-Unis, l'espérance de vie a légèrement reculé au début des années 2010, puis s'est stabilisée avant que l'épidémie de Covid ne la réduise nettement. La situation est analogue en Grande-Bretagne, où l'espérance de vie féminine ne progresse plus[5]. Pourtant, dans ces deux pays, la mortalité est plus élevée qu'en France. Des articles analysent la situation dans les revues scientifiques sous le titre de « Stabilité et oscillations de l'espérance de vie[6] ». Les raisons d'être pessimiste ne manquent pas, allant de nouvelles vagues épidémiques à la détérioration des systèmes de santé, avancée de l'autre côté de la Manche, menaçante en France. Le COR n'en a eu cure, négligeant l'hypothèse dite basse d'évolution de la mortalité proposée par l'Insee, qui prévoyait une croissance lente de l'espérance de vie, et lui préférant l'hypothèse dite moyenne, par une sorte de paresse à discuter laquelle choisir de la haute, de la moyenne et de la basse. Les conséquences pour l'équilibre financier du régime des retraites ne sont pas négligeables. Quand on remplace l'hypothèse moyenne d'évolution de la mortalité par l'hypothèse basse, le déficit de 8 milliards en 2025 prévu par le COR en 2019 tombe à 3 milliards, soit l'épaisseur du trait. L'urgence de la retraite qui reposait sur un tel déficit devient très relative, et plus encore au regard des dizaines de milliards déboursés durant l'épidémie.

## L'optimisme du Conseil d'orientation des retraites en 2022

Bien que passée à l'Assemblée, la loi fondant le système de retraites à points est tombée dans l'oubli avec l'arrivée de l'épidémie de Covid. Mais quand le nouveau projet de réforme des retraites a surgi à l'automne 2022, pour des raisons qui seront discutées plus loin, le gouvernement a fait appel au COR, lequel a pondu un nouveau rapport assez consistant (348 pages)[7]. Peut-être échaudé par l'optimisme dont il avait fait preuve dans la précédente mouture, il a retenu les trois hypothèses d'évolution de la mortalité choisies par l'Insee, mais il n'a donné le résultat des projections de dépenses de retraite que dans le cas des deux plus élevées et a ensuite toujours utilisé la projection moyenne. C'est à nouveau pécher par optimisme en matière de mortalité et provoquer du pessimisme en matière de dépenses de retraite, puisque plus de personnes âgées signifie plus de retraités.

Les dernières projections de l'Insee utilisées par le COR remontaient à novembre 2021[8]. Le niveau de la mortalité de cette année n'était pas encore connu, ni celui de 2022 qui a été communiqué en janvier 2023 par l'Institut de statistique[9]. On peut donc comparer les prévisions retenues par le COR et la réalité observée lors des deux dernières années dont il n'avait pas pu tenir compte. L'écart entre les vœux du COR et la réalité est important, surtout sur une aussi petite période. L'espérance de vie observée est inférieure de huit mois à celle de l'hypothèse moyenne et d'un an et demi à celle de l'hypothèse haute. Elle est même inférieure à celle de l'hypothèse basse de l'Insee, tant pour les hommes que pour les femmes, cette hypothèse que le COR a négligée. La prévision d'un déficit en 2027 de 12 milliards d'euros du système des retraites, brandie par le gouvernement qui s'appuie sur le rapport du COR, est donc vraisemblablement surestimée. Si l'on adopte l'hypothèse basse, la plus probable, le déficit est pratiquement réduit de moitié.

Pourquoi le COR s'est-il fourvoyé à ce point ? La réponse tient à son statut. C'est un conseil administratif et non un comité scientifique. Il est composé de 40 membres – son président, qui est un inspecteur des affaires sociales, 8 parlementaires, 15 représentants des partenaires sociaux, 9 représentants des administrations, un représentant des associations familiales et de retraités et 6 « personnalités qualifiées », parmi lesquelles une seule est chercheuse en démographie, Carole Bonnet, et deux autres seulement appartiennent au monde de la recherche. Autant dire que ces deux derniers et plus encore cette dernière pèsent peu dans le choix des hypothèses décidé par le conseil. Il n'est pas question d'émettre de doutes sur la qualité des 40 personnalités ni sur leurs capacités dans leur propre domaine, mais de constater qu'aucune n'avait de compétence en matière d'évolution de la mortalité. La démographe même, Carole Bonnet, est une spécialiste des politiques familiales, pas de l'évolution de la mortalité. Dans ces conditions, le rapport du COR soulignant (p. 17) que « le choix des divers scénarios est le fruit d'un consensus entre les membres du COR », l'avis de la démographe n'a pas dû peser beaucoup. Par comparaison, la projection commandée par Giscard d'Estaing avait été réalisée au sein d'un institut de recherches, par des démographes dont l'un avait publié plusieurs articles sur les questions de mortalité dans des revues scientifiques. L'administration et la science sont deux domaines assez et même très différents. La question se pose de savoir pourquoi le gouvernement a fait confiance à une instance administrative pour un travail qui requérait une compétence démographique. Est-ce volontairement, est-ce par mégarde, est-ce parce que le rapport du COR convenait à ses objectifs ? Ces questions vont inévitablement être examinées par la suite.

# Chapitre 2

## Fourchettes (statistiques)

Parvenu à ce point, on peut objecter que l'hypothèse d'évolution de la mortalité retenue dans la projection pour 2075 effectuée à l'Ined a été complètement démentie. Il se peut, malgré son manque de réalisme, que la dernière projection du COR se révèle au contraire assez exacte à terme, par suite de la découverte de traitements contre les cancers ou contre les maladies dégénératives, ou même, comme cela se dessine, contre l'obésité, l'une des causes importantes de la surmortalité. Il se peut plus vraisemblablement que l'hypothèse d'évolution de la mortalité du COR soit largement démentie. L'avenir démographique n'est heureusement jamais tracé. Puisqu'il y a incertitude, il faut en tenir compte. On s'y conforme d'habitude en envisageant plusieurs hypothèses, voire plusieurs scénarios. L'étendue des variations de leurs résultats donne ce que l'on appelle une fourchette d'incertitude.

## La population française en 2075

En 1975, une certaine panique régnait dans les sphères gouvernementales et politiques à propos d'une diminution rapide de l'indice de fécondité, qui était descendu de 2,8 enfants par femme en 1965 à 1,9 en 1974. Huit hypothèses d'évolution de la fécondité avaient donc été retenues dans les projections de l'Ined, quatre avec une stabilisation de l'indice à partir de 2025 à 1,4, 1,8, 2,2 et 2,6 enfants par femme, et quatre avec une oscillation d'une génération à la suivante autour de 2 enfants par femme[1]. Deux hypothèses de solde migratoire avaient été considérées et, comme on l'a vu, une seule pour la mortalité. Toutes les combinaisons des hypothèses avaient été calculées, soit 2 × 8 = 16, et leur résultat avait été publié[2]. Elles furent présentées au président Giscard lors d'une séance solennelle. Nous lui avons d'abord exposé comment les taux de fécondité par âge et les quotients de mortalité par âge et sexe avaient été projetés, mais cela ne l'intéressait guère, voire l'irritait un peu. Quelle sera la population en 2075 ? demanda-t-il, coupant court à l'exposé des méthodes. La réponse fut : compte tenu de l'égale probabilité de chacune des 16 combinaisons des hypothèses, la population française sera comprise entre 25 et 109 millions d'habitants en 2075. La déception fut assez grande, car il paraissait difficile de fonder une politique économique ou démographique face à une incertitude de cette ampleur. Dans le détail, les écarts étaient encore plus importants. Ainsi, dans l'hypothèse la plus basse, en 2075, on aurait compté seulement 190 000 naissances, tandis que, dans l'hypothèse la plus haute, elles auraient dépassé les 2 millions. Même chamboulement évidemment pour la proportion de personnes âgées et leur rapport au nombre d'actifs, dont il est toujours question quand il s'agit de retraites.

J'ai craint que Giscard ne prenne le résultat pour une mauvaise plaisanterie, mais peut-être son éducation polytechnicienne lui permit-elle de garder raison et en conséquence de renoncer à cette planification à long terme, dont on n'entendit plus parler. Peut-être même était-ce un moyen de s'en débarrasser. Alors que les hypothèses paraissent raisonnables, l'écart de leurs résultats au bout de cent ans est presque surprenant, mais il tient au caractère multiplicatif des processus démographiques. Des écarts analogues apparaissent dans les projections démographiques effectuées par les Nations unies jusqu'en 2100[3]. Elles sont établies en fonction de trois hypothèses, basse, moyenne, haute. Selon leurs résultats, la population de la Chine à la fin de notre siècle devrait se situer entre 485 et 1 150 millions d'habitants et celle des États-Unis entre 280 et 490 millions d'habitants. Il est amusant de constater que, si la Chine suit la projection basse et les États-Unis, la haute, ces derniers deviendraient légèrement plus peuplés que la Chine en 2100.

## 108 scénarios ou 8 ?

Le COR était conscient de l'incertitude touchant à l'évolution de la population au cours des prochaines années – et même plus loin, puisque son dernier exercice pousse jusqu'en 2070. Son rapport le confirme p. 113 : « la part des dépenses [de retraite] dans le PIB dépend fortement des hypothèses retenues pour la démographie ». Il a donc multiplié les hypothèses, trois pour l'évolution de la mortalité, comme on l'a vu, trois pour le solde migratoire, quatre pour la productivité et trois pour le niveau du chômage, ce qui donne au total cent huit combinaisons possibles (3 × 3 × 4 × 3 = 108). Une seule d'entre elles a servi de référence, la projection « centrale ». Elle prévoit un déficit de 12 milliards d'euros en 2027, largement utilisé par le gouvernement pour justifier l'urgence de sa réforme. Le COR a considéré qu'« aucun des scénarios prévus n'est privilégié » (p. 17 du rapport). N'importe lequel aurait donc pu servir de référence, la projection « centrale » étant seulement celle fondée sur les hypothèses moyennes de chaque paramètre. La possibilité d'un scénario autre que celui de la projection centrale a été prise en considération par le COR dans un court chapitre de 5 pages dédié à l'étude de la « sensibilité » de la projection centrale.

## La sensibilité, façon COR

Le COR a procédé en trois temps, ne faisant varier qu'un type d'hypothèse à la fois, les autres demeurant fixées à leur valeur moyenne. Il a commencé par la démographie avec deux cas, celui où la baisse de mortalité serait la plus rapide et celui où le solde migratoire tomberait au plus bas à 20 000 personnes par an, deux hypothèses défavorables qui augmentent chacune la dépense totale d'environ 6 milliards en 2032. Choisir une hypothèse basse de mortalité accroît en effet le nombre de retraités, et un faible solde migratoire limite la croissance de la population active. De cette manière, le COR montre que la situation pourrait devenir pire que celle qu'il a privilégiée.

Si, au contraire, il avait testé les hypothèses opposées, celle d'une haute mortalité et celle d'un solde migratoire élevé, il aurait obtenu le résultat exactement inverse d'une économie de 6 milliards dans chaque cas et du double en joignant les deux cas, donc la quasi-disparition du déficit annoncé. Ce choix aurait d'ailleurs été plus judicieux, car, comme on l'a vu, dès cette année, la mortalité est plus élevée que dans les trois hypothèses du COR, et le solde migratoire aussi, puisqu'il a atteint 160 000 personnes, soit 90 000 personnes de plus que dans l'hypothèse moyenne. En toute rigueur, le Conseil aurait dû tester les neuf combinaisons possibles (trois de mortalité pour trois de solde migratoire), puisqu'aucune n'est jugée plus probable qu'une autre.

L'étude de « sensibilité » s'est ensuite tournée vers les quatre hypothèses de hausse de la productivité, en maintenant la mortalité, le solde migratoire et le chômage à leur niveau moyen. Jusqu'en 2027, le COR suppose que la hausse de productivité est exactement connue et qu'elle n'est donc susceptible d'aucune variation. Pour justifier cette décision assez curieuse, il invoque « *les hypothèses retenues par le Gouvernement dans le Programme de stabilité pour la période 2022-2027*[4] » (p. 35 du rapport). Admettons. Parvenu en 2032, les différences de productivité qui ont commencé à faire sentir leurs effets entraînent, pour la plus faible d'entre elles, un supplément de dépense de 5 milliards par rapport à la projection de référence, mais un gain de 10 milliards pour la plus élevée. On constate en passant que le COR a retenu pour sa projection « centrale » une des deux hypothèses défavorables de hausse de la productivité, ce qui pèse sur l'estimation de la dépense totale. On ne peut cependant pas lui faire grief d'avoir négligé l'une des quatre hypothèses de productivité. Mais, il aurait dû associer chacune aux neuf combinaisons démographiques qui sont indépendantes de la marche de l'économie. Dès lors, cela fait trente-six combinaisons à étudier. La fourchette entre les extrêmes devient large, puisque les écarts dus à la population et celui dû à la productivité, étant indépendants, s'additionnent.

## Énorme incertitude

Reste le chômage. Fidèle à sa méthode qui ne fait varier qu'un paramètre à la fois, le COR teste l'incidence des hypothèses haute et basse de chômage en maintenant les variables démographiques et la productivité à leur niveau moyen. Jusqu'en 2027, le taux de chômage est supposé suivre sans aucune variation l'évolution fixée par le *Programme de stabilité,* ce qui est assez étrange. Ensuite, le résultat de ses hypothèses haute et basse se détache nettement de la projection de référence avec, pour la plus basse, un bénéfice de 12 milliards et, pour la plus haute, une perte de 15 milliards en 2032. Le taux de chômage n'étant pas directement lié au niveau de mortalité ni au solde migratoire, ni même à la productivité à moyen terme, chaque hypothèse de chômage devrait donc être combinée à chaque hypothèse démographique et à chaque hypothèse de productivité, soit au total les cent huit combinaisons annoncées plus haut.

En ne faisant varier qu'une seule hypothèse à la fois, donc en maintenant les autres à la valeur moyenne qu'elles prennent dans la projection « centrale », le COR donne l'impression que la variabilité ou « sensibilité » de son résultat est relativement faible, de l'ordre de plus ou moins une dizaine de milliards d'euros, mais, quand on considère toutes les projections possibles, les écarts s'ajoutent jusqu'à atteindre une grande ampleur : la fourchette, donc l'incertitude, s'étend sur près de 70 milliards d'euros en 2032. Par rapport à un tel écart, un déficit de 10 ou 15 milliards perd toute signification. Est-il raisonnable de combiner toutes les hypothèses ? Oui tant qu'aucune n'est préférée aux autres, ce qui est affirmé au début du rapport du Conseil. L'Insee, dont le COR a utilisé les projections de population de novembre 2021, a, par exemple, prospecté toutes les combinaisons de ses hypothèses démographiques. Les projections demandées par Giscard aussi, comme on l'a vu.

Les déficits futurs du système des retraites dont le gouvernement agite la menace pour justifier l'urgence de la réforme n'ont pratiquement aucun sens… en raison même des hypothèses posées par le COR. Ce dernier a commis la faute d'étudier la sensibilité de la projection centrale en ne faisant varier qu'un paramètre à la fois, soit huit cas publiés dans son rapport, et non de calculer toutes les combinaisons possibles, soit cent huit cas. Cela aurait bien sûr retiré presque toute crédibilité aux résultats, ce qu'il ne souhaitait certainement pas.

Il a donc volontairement limité l'examen de la variabilité des hypothèses, donnant ainsi l'impression qu'elle est faible.

# Chapitre 3

## Trente milliards

Dès les premières références au rapport du COR comme justification de la réforme, j'avais été surpris par le peu de vraisemblance des hypothèses de mortalité et dans une moindre mesure de solde migratoire. Au cours d'une discussion à bâtons rompus avec une journaliste du *Monde* que je rencontrais pour une raison différente, j'y avais fait allusion. Cela l'avait intéressée, et elle m'avait proposé de publier dans son journal une interview sur la faiblesse des hypothèses de mortalité du COR et plus généralement sur la nature administrative de cet organisme[1]. À peine l'interview parue, un conseiller de Macron à l'Élysée avait demandé à me rencontrer. J'avais tergiversé, n'en ressentant pas l'utilité. Lorsque j'ai découvert l'ampleur de la variabilité des dépenses en fonction des hypothèses, ce qui n'était pas évident étant donné le peu d'informations communiquées par le COR en dehors de ses rapports, j'ai décidé de récidiver par une tribune publiée par le même *Monde* dans laquelle je développais les arguments du précédent chapitre[2]. Le conseiller de l'Élysée m'a rappelé, et je l'ai rencontré l'après-midi même de la parution de la tribune.

## Discussion élyséenne

Je ne m'attendais pas à des encouragements, mais j'espérais en tirer quelques informations sur la raison de cette réforme qui me semblait particulièrement mal emmanchée. Je n'ai pas été déçu. À l'Élysée, ce conseiller qui appartient paraît-il au premier cercle dispose d'un bureau spacieux qui doit être à la mesure de son rang. Prévoyant un climat un peu orageux, j'avais apporté ma tablette avec un PowerPoint contenant les graphiques et les tableaux qui avaient servi de base à mes interventions dans *Le Monde*, notamment les évolutions récentes de l'espérance de vie, et les simulations et les hypothèses que le COR avait négligées. Avant même d'entrer dans le vif du sujet, le conseiller me reprocha vivement d'avoir répondu dans l'interview que la manière dont la réforme était engagée donnait l'impression d'« un certain mépris de la classe gouvernementale pour les données et plus largement pour la science ». Difficile de le nier, au vu du travail du COR, de sa réception sans broncher par le gouvernement et plus largement de l'état peu enviable de la recherche française et de la faible estime dont les ministres en charge jouissaient de la part de la communauté scientifique. Je me gardai de rappeler la longue visite de Macron au docteur Raoult.

Pour éviter que la discussion tourne court à la suite de ce désaccord, je lui dis que, la prochaine fois je remplacerais « mépris » par « indifférence ». La question de la réforme pouvait être abordée, une fois le terrain déblayé de cette manière. Tout de go, le conseiller m'affirma que le déficit du système était de 30 milliards annuellement. J'étais abasourdi, car rien de tel ne figurait dans le rapport du COR ni dans ses projections. Il s'agissait, me dit-il, de la somme que l'État verse pour compenser le déficit du régime des fonctionnaires. Je lui fis confiance, puisqu'il était plus proche que le COR du Président qui s'était lancé tête perdue dans la réforme. Je l'interrogeai : mais alors, pourquoi ne pas avoir mis ce déficit de 30 milliards sur la table et ne pas avoir engagé une discussion générale sur les moyens de le résorber ainsi que sur sa nature exacte ? Cela braquerait les fonctionnaires qui sont déjà assez remontés, répondit-il. Ils craindraient que l'on ampute leur retraite ou bien de passer comme des privilégiés dont les autres travailleurs finançaient les retraites, et, de toute façon, il était trop tard, étant donné l'état des débats et des oppositions ; cela ne ferait qu'accroître le désordre.

Nous nous quittâmes plutôt en bons termes après un peu plus d'une heure de discussion. Rentré chez moi, je repris le rapport du COR dans lequel je trouvai la clé de ces 30 milliards, ou du moins la trace d'une somme équivalente. Je rédigeai alors une note que j'envoyai le lendemain matin au conseiller.

## Note au conseiller

« Cher Monsieur,

D'abord merci pour notre discussion précise et intéressante. Les 30 milliards que vous avez évoqués m'ont d'abord surpris, car le rapport du COR déclare dès la p. 11 :

> "En 2021, le système de retraite a été excédentaire de près de 900 millions d'euros. Cette

> nette amélioration par rapport à 2020 s'explique en très grande partie par la croissance importante des ressources due au rebond de l'activité, alors que l'effet de la surmortalité des retraités liée à la Covid sur les dépenses de retraite est resté limité. Elle se prolongerait en 2022 et le système connaîtrait un excédent de 3,2 milliards d'euros (0,1 point de PIB)."

Plus loin, dans le chapitre consacré au solde du système, même son de cloche p. 98 :

> "Avec le rebond économique observé en 2021, le solde s'est redressé : le système de retraite apparaît globalement en excédent de 900 millions d'euros en 2021 et cet excédent s'amplifierait en 2022 (3,2 milliards d'euros en convention EPR)."

Les 30 milliards existent cependant. Ils apparaissent p. 58 dans le chapitre sur les ressources, à propos des services publics :

> "Dès lors que les régimes sont placés sur un pied d'égalité (même assiette de cotisation, même ratio démographique notamment), les taux pratiqués dans le public et le privé sont équivalents. [...] cette convention aboutirait à

une impasse : elle fait apparaître un déficit supplémentaire d'environ 30 milliards d'euros dans le régime de la fonction publique de l'État, alors même que les dépenses de ce régime s'élevaient à environ 55 milliards d'euros en 2021."

Autrement dit, les 30 milliards s'expliquent par des différences structurelles, en particulier de pyramide des âges, entre les secteurs public et privé. Dès que l'on considère un sous-ensemble du système des retraites, certains secteurs sont déficitaires, d'autres bénéficiaires. Le compte des agriculteurs est déficitaire, celui des informaticiens, si on les regroupe, largement bénéficiaire. Ainsi, les 30 milliards auraient dû être compensés par l'ensemble du système, puisque la fonction publique devenait structurellement déficitaire. Ce n'a pas été le cas. Sans doute, progressivement, le vieillissement de la population du système public, et en plus sa diminution, ont créé le déséquilibre. Au début, la compensation n'a pas dû être importante, mais petit à petit la dérive a atteint ces 30 milliards.

Si je ne me trompe pas, c'est donc cela qu'il aurait fallu mettre d'emblée sur le tapis : récupérer les 30 milliards, ce qui n'avait rien à voir avec 2027 ou 2032 et encore moins 2070. Ce n'était pas hypothétique mais réel. Malheureusement, le COR indique quelques lignes plus bas :

> "Il est évident que réduire de 57 % les dépenses de retraite de l'État n'est ni possible ni souhaitable (les niveaux de taux de remplacement ou d'âge de la retraite des fonctionnaires de l'État seraient alors en décalage important avec celui du reste de la population)."

Réponse incorrecte : ce ne serait pas aux seuls fonctionnaires de supporter une telle amputation, mais à l'ensemble du système. En présentant la situation comme il le fait dans les lignes précédentes, le COR a interdit la possibilité de prise en compte des 30 milliards. Une raison de plus de critiquer le Conseil. Il a eu alors recours à ce qu'il faut bien appeler une pirouette ou un sophisme :

> "Quelle que soit la convention adoptée, le solde global des finances publiques n'en est pas affecté. Les diverses conventions en matière de solde retraite ne joue *[sic]* que sur la part des ressources publiques affectées aux retraites : une convention qui dégrade relativement le

solde retraite améliore la situation des finances publiques hors retraite (et inversement)."

Si j'ai bien compris ce que vous m'avez dit, l'objectif primitif de la réforme était justement d'effectuer ce transfert d'un poste, les retraites, vers d'autres. À partir de sa prise de position, le COR, s'étant en quelque sorte débarrassé des 30 milliards, a pu se consacrer à ses projections (mal, d'ailleurs, comme les chapitres précédents le détaillent). En s'appuyant presque exclusivement sur le rapport du COR, le gouvernement l'a validé, et les 30 milliards ont disparu comme par magie. Revenir en arrière paraît pratiquement impossible. Il faudrait avouer qu'il n'y a pas d'urgence si le système continue à fonctionner comme par le passé, alors qu'on a insisté sur le contraire (la « faillite » de M. Attal) et revenir à une réforme uniquement chargée de résorber les 30 milliards, donc douloureuse, mais qui peut être distillée sur plusieurs années, dix ans à 3 milliards par an par exemple, autant de récupéré pour *améliorer la situation des finances publiques hors retraite*, comme l'écrit élégamment le COR. S'est ajouté le report de l'âge pivot ou légal de la retraite, la plus mauvaise méthode, comme j'ai essayé de vous en convaincre, car elle ouvre une boîte de Pandore, contrairement aux trois réformes paramétriques habituelles (le taux de prélèvement, le taux de remplacement, la durée de cotisation) et aux choix de l'indexation, qui entrouvrent seulement ladite boîte. »

Dans l'après-midi même, le conseiller m'adressa le mail suivant :

> « Merci beaucoup pour votre message et votre note à laquelle je souscris totalement. Je vais tenter à mon niveau de faire passer ce constat. Bien à vous. »

Au vu de la suite des événements, il ne semble pas y être parvenu.

## Les 30 milliards de déficit

Cette somme énorme qui représente 9 % des retraites effectivement versées est mentionnée une seule fois dans le rapport du COR. Elle n'est pas attribuée à une source officielle, mais à un article sur l'affectation des ressources publiques paru au printemps 2022 dans la revue *Commentaires*[3]. L'auteur de cet article, Sophie Bouverin, est le pseudonyme d'un groupe de fonctionnaires. L'anonymat est rarement rassurant. Pour une question de cette importance, on souhaiterait plus de précision. Le raisonnement de « Sophie Bouverin » trahit une incompréhension et peut-être une hostilité envers le principe de la retraite par répartition, comme indiqué dans ma note, car elle raisonne comme si les fonctionnaires formaient une population isolée dont les cotisations devraient équilibrer les pensions.

Certes, le système des retraites français est horriblement compliqué, car, depuis sa création, de nouvelles catégories ont été introduites et des exceptions de plus en plus nombreuses ont été prises en compte, mais le principe de la participation reste très simple. L'économiste et démographe Alfred Sauvy l'avait défini en une sentence : les actifs de l'année payent les retraites de l'année. On peut ajouter : tous les actifs. Les cotisations, les compensations de l'État pour diverses politiques sociales ouvrant des droits sans cotisation et pour assurer l'équilibre du système fusionnent dans une masse unique qui est ensuite répartie entre les retraités ayant droit. Voilà pour la théorie, mais, dans la pratique, la gestion s'opère à travers des caisses professionnelles, celles des artisans, des agriculteurs, de la fonction publique, de la trentaine de régimes spéciaux, etc. L'équilibre ne peut pas être réalisé dans chaque caisse entre les cotisations reçues et les retraites versées. La compensation est effectuée entre les caisses, celles qui sont bénéficiaires, correspondant à des secteurs en expansion, versant la compensation à celles qui sont déficitaires, correspondant à des professions en régression. Exemple extrême, dans la caisse des mineurs, les cotisations des mineurs encore en activité ne représentent que 9 % des retraites versées aux mineurs retraités, tout bonnement parce que le nombre de mineurs actifs a considérablement diminué au fil du temps. Au nom de la participation, les mineurs reçoivent cependant et heureusement une pension comme les autres retraités du service public et du privé. Personne n'imaginerait que leurs retraites soient assurées par les cotisations des quelques mineurs encore en exercice.

## Pusillanimité de l'État

Or l'État, qui devrait être le meilleur défenseur du système par répartition, ne l'a pas respecté. Quand les cotisations des fonctionnaires et des régimes spéciaux n'ont plus couvert les pensions du fait du déséquilibre croissant entre le nombre d'actifs et de retraités dans la fonction publique d'État, il n'a pas compensé le déficit en le faisant supporter par l'ensemble du système, mais il a décidé de le renflouer directement. S'il avait suivi la logique de la répartition, il aurait en effet été nécessaire d'augmenter les cotisations de tous les actifs ou leur durée de cotisation, ou de bloquer le niveau des pensions de l'ensemble des retraités du secteur privé aussi bien que de la fonction publique. Le déficit de la fonction publique d'État qui s'élevait à 4,7 milliards en 2007[4] s'est accru au fil des ans pour une simple raison de vieillissement démographique, jusqu'à atteindre 30 milliards maintenant. Plus il a crû, plus il est devenu difficile de corriger le système pour y réintégrer la somme et même pour avouer franchement le procédé. En affirmant qu'on ne pouvait pas retirer aux fonctionnaires les 30 milliards, ce qui ferait baisser leurs retraites de 57 %, le COR a montré, lui aussi, qu'il ne respectait pas ou ne comprenait pas le principe général de la répartition. En suggérant de procéder effectivement à ce retrait, « Sophie Bouverin », sans doute le pseudonyme de partisans de la capitalisation, a proposé de le dynamiter.

S'agit-il vraiment de 30 milliards indûment accaparés par les fonctionnaires ? Puisque les retraites qui leur sont versées représentent 55 milliards, leur contribution ne serait que de 25 milliards. On en cherchera en vain la preuve dans le rapport du COR, pas plus que dans l'article de « Sophie Bouverin ». Admettons-le cependant. Il faut alors tenir compte du déséquilibre démographique de la fonction publique, qui compte un actif pour un retraité contre 1,7 pour l'ensemble des salariés. Le calcul mené en annexe montre que la prise en compte du déséquilibre démographique du régime des fonctionnaires d'État suffit, à l'approximation près, à justifier les 30 milliards. On peut alléguer que le déséquilibre entre le nombre d'actifs et de retraités de la fonction publique d'État est en partie dû à des conditions avantageuses de départ en retraite. Mais celles-ci sont inévitables dans les professions dites actives et super-actives comme celles de pompier ou de militaire, lesquels partent à la retraite nettement avant l'âge limite général pour des raisons de résistance physique. La plus forte proportion de retraités tient aussi à un niveau d'éducation plus élevé des agents de l'État, par exemple les enseignants, donc à leur plus longue espérance de vie à la retraite.

Alors que les ministres et Macron s'échinent à proclamer qu'ils veulent sauver le système par répartition, eux et leurs prédécesseurs ont participé à sa démolition. Alors qu'ils s'inspirent de l'adage de Sauvy sur la répartition en brandissant l'augmentation du nombre de retraités face à une diminution du nombre d'actifs, ils ont œuvré à ne pas en tirer parti et à fausser le jeu de la répartition dont ils se présentent comme les sauveurs.

## Chapitre 4

# Logique de l'action du gouvernement

Ces 30 milliards ou toute somme de cet ordre – car le calcul exact n'a pas été mené par le COR, le chiffre étant emprunté à l'article de « Sophie Bouverin » – offrent un fil rouge pour comprendre les deux réformes de la retraite, celle passée en 2020 à l'Assemblée nationale et celle de 2023. La succession des opérations peut être décrite de la manière suivante :

En 2019, le gouvernement souhaite récupérer les 30 milliards pour les affecter à d'autres secteurs, particulièrement l'environnement et la jeunesse. On verra plus loin que ce souci peut être louable, sous certaines conditions du débat démocratique. Mais comment s'y prendre ? Augmenter de 9 % les cotisations est hors de question, diminuer les pensions aussi. Accélérer la réforme Touraine ne sera pas suffisant[1]. Une possibilité aurait été de combiner ces trois options paramétriques en étalant leur application sur plusieurs années, ce qui l'aurait rendue moins douloureuse. Outre la réaction de l'opinion, il aurait fallu craindre des remous à la suite de la révélation de ces 30 milliards sur lesquels le COR est resté jusqu'ici silencieux, les considérant comme un acquis appelé à se maintenir année après année.

## La première réforme

L'idée a alors germé de refonder le système des retraites. Cela présentait plusieurs avantages. Sa reconstruction le rendrait plus lisible et plus cohérent (suppression des régimes spéciaux, alignement des cotisations de la fonction publique et du secteur privé). Le système à points, expérimenté en Suède notamment, avait aussi l'avantage d'être proposé par la CFDT, ce qui empêcherait la constitution d'un front syndical unifié s'opposant à la réforme. Enfin, et il est possible que cela ait été la principale raison, les 30 milliards disparaîtraient, absorbés par la réforme qui redistribuerait les cartes des cotisants et des pensionnés.

Sur le papier, l'idée était séduisante, mais elle s'est heurtée au mur épais de la réalité. Pour une raison difficilement compréhensible, Macron a snobé le secrétaire général de la CFDT, Laurent Berger, qui aurait dû être son allié naturel. Un rapport commandé longtemps à l'avance à Jean-Paul Delevoye, intronisé haut-commissaire à la réforme des retraites, s'est révélé lacunaire et illustré par des exemples souvent risibles, puis Delevoye a disparu, emporté par une affaire de double ou triple traitement[2]. Mais surtout, les 30 milliards se sont rappelés au bon souvenir des réformateurs. Puisqu'ils existaient dans la réalité, le système à points devait en tenir compte pour arriver à l'équilibre, ce qui violait l'affirmation selon laquelle la réforme serait financièrement neutre pour l'ensemble de la population, certains y gagnant un peu et d'autres y perdant un peu, les deux en même proportion.

Le Premier ministre Édouard Philippe, plus proche des cordons de la bourse que le Président, s'en est inquiété. Il a alors imaginé un « âge pivot » qui a beaucoup été critiqué, y compris par Macron, mais qui était plus habile que le recul brutal de l'âge d'ouverture des droits à 64 ans dans la réforme actuelle. Une explication s'impose, car elle permet de mettre en évidence les complications cachées d'un système de répartition.

## Un défaut caché du système à points

Dans sa première mouture, le système à points était assez facile à comprendre, avec le slogan selon lequel toute heure travaillée donnait droit à un certain nombre de points de retraite, compte tenu du niveau de salaire. Ayant atteint le nombre légal d'années de cotisation, on pouvait obtenir la retraite à taux plein, pourvu que l'on ait passé l'âge d'ouverture des droits fixé à 62 ans depuis la réforme Woerth sous Sarkozy. Passé 64 ans, quel que soit le nombre de points accumulés, on avait droit au taux plein, ce qui était un gain par rapport à la réforme précédente, qui avait fixé cet âge à 67 ans.

En toute rigueur, un pur système à points aurait été plus simple. Aucune référence au nombre d'années de cotisation ni à des dates d'ouverture des droits n'aurait été nécessaire : on aurait accumulé tant de points et on toucherait une retraite correspondant à ce nombre de points. Une telle formulation cache un défaut : à égalité de points, celui qui partirait plus jeune aurait plus d'années de retraite à vivre. Les points donneraient bien la même retraite aux deux, chaque année, mais le plus précoce toucherait en moyenne sa retraite durant plus d'années ; donc, au total, le même nombre de points ne donnerait pas la même retraite.

Un exemple schématique permet de saisir l'écart entre ces deux profils de retraités. Supposons que le plus précoce ait commencé à 18 ans et le plus tardif à 22 ans. Après 43 années, le premier part à la retraite à 61 ans, le second à 65 ans. L'espérance de vie à 61 ans s'élevant à 22 ans et à 18,5 ans à 65 ans, la somme totale des retraites touchées par le premier serait supérieure de 19 % à celle touchée par le second. Un point ne donnerait donc pas la même pension totale de retraite dans les deux cas.

L'exemple peut être critiqué pour des raisons sociales. Celui qui a commencé à travailler à 18 ans est en général peu diplômé et d'une classe populaire. Il aura sans doute exercé un métier fatigant, voire pénible. Son espérance de vie au moment de la retraite sera plus faible, ce que confirment les statistiques sur la durée de vie en retraite selon la catégorie sociale[3]. L'avantage qu'il avait acquis sera donc réduit voire annulé, comme on le discutera ultérieurement.

## L'âge pivot, ses vertus, ses vices

L'argument d'équité, bien que mis en avant par le gouvernement, n'était pas le principal obstacle. Le gouvernement craignait que l'équilibre entre cotisations et pensions soit impossible à gérer si on laissait chacun libre de décider de l'âge auquel il partirait en retraite. Imposer une durée de cotisation avec des décotes et des surcotes évitait cet écueil. Si l'on avait cotisé moins longtemps, on subissait une décote de 5 % de la pension par année manquante et, si l'on avait cotisé plus longtemps, une surcote de 5 % par année supplémentaire. L'évolution de la durée de cotisation réglée par la loi Touraine était conservée : 41,5 années pour les générations nées avant 1955, puis un trimestre ajouté tous les trois ans jusqu'à la génération née en 1973, qui aurait dû cotiser 43 années.

L'âge minimal à partir duquel on pouvait « liquider » sa retraite, c'est-à-dire commencer à la toucher, restait fixé à 62 ans. Le rapport Delevoye avait calculé que l'ensemble de ces règles ne permettait pas d'équilibrer le régime des retraites. Il n'en donnait pas la raison, mais on a compris que c'était à cause des 30 milliards qui avaient disparu du calcul. L'âge auquel on pourrait bénéficier du taux plein fut alors repoussé à 64 ans : « Cet âge à taux plein est celui qui permet d'équilibrer le financement des retraites, d'assurer la solidité du système », est-il écrit sobrement dans le rapport Delevoye. À part cette justification financière, des arguments fallacieux sont employés : « Aujourd'hui, l'âge moyen de départ au régime général, hors dispositifs de départ anticipés, atteint déjà près de 63,4 ans pour les assurés qui sont partis en retraite en 2018. » En fait, l'âge réel de départ en retraite à cette date était de 60,7 ans, car Delevoye n'avait tenu compte que des départs à taux complet, dont ceux qui l'avaient obtenu à 67 ans. Petite tricherie statistique qui consiste à ne pas prendre en considération les départs avec des droits incomplets ni plus précoces pour les carrières longues, qui abaissent la moyenne.

## Décotes, surcotes

Alors que la réforme voulait simplifier, la barrière des 64 ans réintroduisait de la complexité : il était possible de partir à la retraite à 62 ans, mais la pension subissait une décote de 10 %, de 5 % si on partait à 63 ans, et on n'obtenait le taux plein qu'à 64 ans. L'injustice de cette mesure était criante, car elle pénalisait ceux qui avaient commencé à travailler jeunes, donc ceux qui étaient les moins diplômés et avaient en général occupé des postes peu qualifiés avec des salaires modestes qui se solderaient par de petites pensions. Un exemple simple le montre : une personne qui avait commencé à travailler à 20 ans, qui partait à la retraite à 62 ans ayant cotisé pendant 42 ans, aurait vu sa pension amputée de 10 % par la décote, tandis qu'une personne ayant commencé à travailler à 24 ans, prenant aussi sa retraite après 42 années, donc à 66 ans, aurait joui d'une surcote de 10 % (deux années au-delà de l'âge « pivot », chacune avec une surcote de 5 %). Puisque le principe du système à points s'énonçait : à nombre de points égaux, retraite égale, 100 points du premier n'en vaudraient plus que 90 et 100 points du second 110, soit 22 % de plus que le premier.

La loi fut adoptée par l'Assemblée (avec le 49-3) malgré ses incongruités. L'épidémie de Covid la relégua immédiatement au second plan. Les difficultés que soulevait le nouveau système ne purent pas être résolues pendant la crise, et la réforme tomba aussitôt dans l'oubli. Macron se promettait de la réactiver, et, d'après ce que m'a dit le conseiller, il y songe toujours ! Mais la cuisine politique l'a contraint à faire un détour.

Son premier quinquennat ayant été marqué par un virage à droite, il avait perdu le soutien d'une partie de l'électorat de gauche. Pour passer le cap du premier tour, il lui fallait pêcher des voix à droite. La candidate LR, Valérie Pécresse, péniblement choisie par ses pairs, lui en offrit l'opportunité. Elle avait mis en bonne place dans son programme le recul de l'âge de départ en retraite à 65 ans. Sans vergogne, Macron s'empara de la mesure qui lui permettait de faire coup double : récupérer des voix à droite – ce qui a été le cas – et régler la question de ces satanés 30 milliards, toujours tapis dans l'ombre et escamotés par les rapports du COR. Pour forcer la main à l'opposition et aux syndicats, il annonça brusquement durant sa campagne de réélection que l'âge d'ouverture des droits serait repoussé à 65 ans au lieu des 62 ans toujours en vigueur. Cette annonce allait provoquer un indescriptible chaos lorsque la réforme fut mise en branle, comme on va le voir.

# Chapitre 5

## Petites et grandes manœuvres

Que le gouvernement et le Président veuillent restaurer l'équilibre du système des retraites semble légitime, mais ne justifiait pas de dramatiser une situation qui remontait à plusieurs années. Que le ministre des Relations avec le Parlement parle, à l'ouverture des débats, d'un choix entre la réforme ou la faillite est en effet exagéré. Une autre raison accompagnait vraisemblablement la volonté d'équilibrer le régime des retraites. On la devine à plusieurs remarques émises au moment de l'annonce de la réforme par la Première ministre et surtout par le ministre des Finances, Bruno Lemaire. Il était question d'une meilleure affectation du budget de l'État, que les sommes allouées à combler le déficit du système des retraites servent plutôt à l'adaptation au changement climatique et aussi à la jeunesse. Macron oppose régulièrement le travail à la rente. Même s'ils ont mérité leurs pensions, les retraités font partie par définition de la population inactive, donc improductive. À l'autre extrémité des âges, le Président veut aider la jeunesse à entrer sur le marché du travail avec une formation adéquate. Il a favorisé l'apprentissage et s'est intéressé au stade initial de l'éducation, les maternelles. Il y a été sensibilisé par Boris Cyrulnik, qu'il a rencontré à plusieurs reprises[1]. Plutôt que de laisser une trace dans l'Histoire avec une réforme des retraites, ce qui est assez banal, il préférerait sans doute une action ambitieuse au profit de la jeunesse. Mais cela coûte cher. Les 30 milliards, toujours eux, seraient donc les bienvenus.

## Jeunes et vieux

L'écart entre la situation économique des jeunes et celle des retraités est en effet flagrant. Le volume *Revenus et patrimoine des ménages* publié par l'Insee dans sa collection « Références » en donne la mesure[2]. Ainsi, 12 % des jeunes de moins de 29 ans vivent sous le taux de pauvreté, en comparaison de 3,5 % des personnes âgées de plus de

65 ans[3]. Parmi les dépenses contraintes, le logement vient maintenant en tête. Or seulement 40 % des jeunes âgés de 25 à 29 ans sont propriétaires, contre 80 % des personnes de plus de 70 ans. Le patrimoine moyen des personnes âgées est d'ailleurs en moyenne de 300 000 euros, alors que celui des jeunes de 25 à 29 ans n'est que de 70 000 euros. Le chômage est beaucoup plus fréquent au-dessous de 25 ans (16,9 % au quatrième trimestre 2022) et faible après 50 ans (5 %), plus faible même que chez les actifs de 25 à 50 ans (6,5 %). Cette situation n'a pas toujours prévalu. Durant les années 1960, on observait l'inverse. La pauvreté des personnes âgées était importante (40 % au-dessous du seuil), les jeunes trouvaient immédiatement un emploi, le coût du logement était moins élevé. C'était l'époque où Simone de Beauvoir écrivait dès les premières pages de son livre consacré à la vieillesse : « Vieillesse est synonyme de pauvreté[4]. » Une inversion complète s'est produite à la fin du siècle dernier, grâce aux améliorations apportées au système des retraites[5]. Les jeunes ont aujourd'hui remplacé les âgés. Peut-être parce qu'il est relativement jeune, plus sûrement en raison de sa conception du travail, Macron cherche sans doute, sinon à inverser les écarts

entre jeunes et vieux, du moins à les atténuer. Simplement, il s'y est pris de manière maladroite.

## Petites manœuvres

Les allusions à une autre affectation des sommes dédiées au renflouement du système des retraites ont immédiatement entraîné une levée de boucliers. L'existence de ce fleuron de la République, la retraite par répartition, paraissait menacée. Les plus inquiets étaient les retraités. Ne disposant pas de la même force de frappe que les actifs avec leurs syndicats, conscients peut-être aussi de leur situation assez avantageuse et craignant sa remise en cause, ils protestèrent de plusieurs manières. Le gouvernement y fut attentif car, désormais, les personnes âgées constituaient son meilleur électorat. Entre l'élection de 2017 et celle de 2022, les voix de droite qui étaient allées à Fillon (20,5 % des suffrages exprimés) avaient largement manqué à Pécresse (4,7 %). Pour une part majeure, elles s'étaient reportées sur Macron qui, en revanche, avait perdu assez largement le soutien de l'électorat de gauche modérée et celui des jeunes. Il s'ajoutait à ces considérations électorales la nécessité de s'appuyer au Parlement sur les députés de droite, qui avaient récupéré lors des élections législatives une partie des voix des personnes âgées perdues par Pécresse.

Impossible, donc, de mettre en pleine lumière les 30 milliards, ce qui de surcroît braquerait les fonctionnaires, qui craindraient d'être considérés comme des privilégiés alors qu'ils ne devaient leur situation dans le système des retraites qu'au vieillissement de la fonction publique. Pour se tirer d'affaire, le gouvernement a saisi l'opportunité de la publication en octobre du rapport du COR, comme il l'avait déjà fait sans trop de casse lors du précédent round avec la retraite à points. A priori, cela présentait plusieurs avantages. La menace du déficit était annoncée dans un avenir proche, le COR ayant calculé que 12 milliards manqueraient en 2027. Comme cela apparaissait cependant un peu modeste au vu des dépenses durant l'épidémie de Covid, on utilisa une autre présentation en parlant de « 100 milliards de déficit en dix ans », ce qui ne fait que 10 milliards par an, somme toute.

Pour récupérer le magot, je veux dire les 30 milliards, il ne suffisait pas de demander 10 milliards d'économie par an. Une mesure forte était nécessaire. Le recul de l'âge de validation des droits de 62 à 65 ans était le moyen le plus brutal mais apparemment le plus simple. Un tel décalage permettrait en quelques années de se rapprocher de l'objectif, sinon de l'atteindre, donc de faire disparaître le trou des 30 milliards. Pour que ce point ne fasse l'objet d'aucune discussion, Macron déclara à maintes reprises qu'il n'était pas négociable, qu'il constituait une ligne rouge ou jaune qui ne serait jamais franchie. Elle l'a été malgré tout, à cause de l'insistance de la Première ministre devant l'opposition quasi générale des partis, à l'exception bien sûr de celui du Président, quoique quelques transfuges venus de la gauche aient exprimé un état d'âme. L'âge de validation a été décalé d'un an à 64 ans, mais la position du Président est ensuite restée inflexible.

Le choix de 64 ans présentait plusieurs avantages. D'abord, il ménageait les retraités qui n'étaient pas concernés et qui ont d'ailleurs été les seuls à ne pas rejeter la réforme à une écrasante majorité, mais seulement moitié-moitié. Ensuite, le changement, même contesté, était très simple à comprendre, au contraire de la réforme par points, qui soulevait beaucoup de problèmes non seulement de réglage mais aussi de transition depuis la situation actuelle. Pour faire passer la pilule, la nouvelle proposition de réforme avait été enrobée de quelques arguments démagogiques sans conséquences financières, la promesse d'une retraite minimum de 1 200 euros par mois, avec des conditions si restrictives que cela ne coûterait pas grand-chose, et l'obligation faite aux entreprises de présenter un rapport annuel sur la manière dont elles traitaient leur personnel senior, mesure qui ne coûtait rien si ce n'est la mobilisation de quelques bureaucrates pour vérifier cette paperasse supplémentaire. Malheureusement pour le pouvoir, ce qui paraissait simple ne l'était pas, car un changement systémique avait été confondu avec une mesure paramétrique. Cela demande une courte explication.

## Paramétrique et systémique

Quand une vague passe, toutes ses molécules s'élèvent puis s'abaissent simultanément. Leur déplacement maintient leur position les unes par rapport aux autres. La vague a opéré un changement paramétrique. Un seul paramètre, la hauteur à laquelle se trouvent les molécules, a été modifié. La vague s'approche du rivage, sa crête se forme avec de l'écume. Les molécules d'eau se dispersent. Elles changent de position les unes par rapport aux autres. Un changement systémique s'est produit.

Le système des retraites peut être soumis, lui aussi, à des changements soit paramétriques, soit systémiques. Trois paramètres principaux peuvent être modifiés : le taux des cotisations, le niveau des pensions et la durée de cotisation. Quelle que soit leur modification, les situations réciproques des retraités restent les mêmes. Les écarts entre les pensions des hommes et des femmes restent inchangés, les décotes et surcotes évoluent en bloc, le nombre de trimestres accordés pour les maternités et la pénibilité reste le même. L'impact financier du changement de paramètre peut alors être estimé assez facilement. D'autres changements sont systémiques. Les pièces du système sont affectées diversement. Leurs caractéristiques doivent être adaptées à la nouvelle situation. Dans un cas, il y a déplacement, comme lors du passage de la vague ; dans l'autre, reconfiguration, comme lorsque la crête d'écume se forme.

La réforme Touraine était un bon exemple de changement paramétrique. Le système à points proposait en revanche un changement systémique. Toutes les parties impliquées dans ces deux réformes s'accordent à le reconnaître. De quelle nature est le recul de l'âge de validation de la retraite, de 62 à 64 ou 65 ans ? À première vue, et c'est ainsi qu'il a été présenté, il est paramétrique. En fait, il est systémique, car il modifie quantité de relations dans le système. Elles sont apparues au fil des discussions et des critiques : principalement l'allongement des carrières longues, alors que les carrières commencées tardivement ne subissaient pas de changement, mais aussi la redéfinition de la pénibilité, des bonus pour les maternités, de la prise en compte des handicaps, etc.

Le gouvernement et en premier lieu le Président savaient-ils qu'ils proposaient une réforme systémique alors qu'elle se présentait comme simplement paramétrique ? Je ne pense pas qu'il faille y déceler une tentative de manipulation, car elle aurait été plus finement conçue, ou alors le pouvoir prend vraiment le reste de la population pour des niais. La confusion entre paramètre et système semble plutôt résulter d'une certaine incompétence en la matière. Macron n'est pas omniscient. On ne saurait lui tenir rigueur de ne pas maîtriser les arcanes du système des retraites – ce n'est d'ailleurs pas son rôle –, mais on peut lui reprocher d'avoir cru qu'il maîtrisait le sujet. La méprise sur la nature de la réforme a faussé le débat avec un cortège de simplifications à la limite du mensonge.

# Chapitre 6

## La loi[1]

Le projet de loi, ensuite adopté, a passé à son tour sous silence les 30 milliards. Il a été rédigé sous une forme peu accessible au commun du peuple, comme le montre l'article 7 qui concerne le passage de l'âge de liquidation de la pension de 62 à 64 ans. Il commence en ces termes :

> Article 7 I.
> – Le code de la sécurité sociale est ainsi modifié :
> 1° A l'article L. 161-17-2 :
> a) Au premier alinéa, le nombre : « soixante-deux » est remplacé par le nombre : « soixante-quatre » et la date : « 1er janvier 1955 » est remplacée par la date : « 1er janvier 1968 » ;
> b) Au deuxième alinéa, les dates : « 1er janvier 1955 », « 1er juillet 1951 » et « 31 décembre

> 1954 » sont remplacées respectivement par les dates : « 1er janvier 1968 », « 1er septembre 1961 » et « 31 décembre 1967 », et les mots : « de manière croissante » sont remplacés par les mots : « de manière croissante, à raison de trois mois par génération. » ;
> c) Les 1° et 2° sont abrogés ; 2° A l'article L. 161-17-3 :
> a) Au 2°, la date : « 31 décembre 1963 » est remplacée par la date : « 30 août 1961 » ;
> b) Au 3°, les dates : « 1er janvier 1964 » et « 31 décembre 1966 » sont remplacées respectivement par les dates : « 1er septembre 1961 » et « 31 décembre 1962 » ;

Cent soixante et un autres paragraphes de la même eau suivent le premier. On comprend que le travail d'harmonisation juridique soit nécessaire, et il paraît bien réalisé, mais cela ne facilite pas la compréhension des enjeux. Pour y répondre, un « exposé des motifs » suit l'énumération des modifications à apporter aux lois, codes et règlements actuels. Il commence par une déclaration assez abrupte :

> « Afin d'assurer la pérennité financière du système de retraite le Gouvernement propose d'allonger la durée d'activité, par un relèvement

de l'âge légal de deux ans pour atteindre la cible de 64 ans, ainsi qu'une accélération du calendrier de relèvement de la durée d'assurance sans changer la cible actuellement prévue de 43 annuités. »

Puis vient la référence au rapport du COR :

« le système de retraite serait, selon les projections du COR élaborées en septembre 2022, déficitaire à horizon 2030 à hauteur de 0,4 % du PIB (soit 14 Md€). Ce déficit se dégraderait encore au cours de la décennie 2040 pour atteindre -0,6 % du PIB (soit 26 Md€). »

2030 et plus encore 2040 sont des années assez éloignées avant lesquelles d'autres réformes des retraites auront vraisemblablement été mises en chantier, si l'on se fie à leur fréquence au cours des trente dernières années. 2027, date de la fin du septennat, aurait été plus judicieux, d'autant que jusqu'à cette date le COR n'a utilisé qu'une seule hypothèse de taux de chômage et de croissance de la productivité, hypothèse empruntée au « programme de stabilité pour la période 2022-2027 » émis par le gouvernement. À cette date, le déficit serait de 10 à 12 milliards sous les hypothèses d'évolution démographique dont on a indiqué le biais plus haut. Le déficit de 2027 a d'ailleurs été le plus souvent évoqué lors des interventions du gouvernement.

## L'incertitude refait surface

Les déficits en 2030 et en 2040 sont en outre cités comme s'ils étaient exactement prévisibles. C'est loin d'être le cas, on l'a vu. Dans le rapport même du COR, compte tenu de l'hypothèse de hausse de la productivité choisie et de la convention retenue pour l'aide de l'État, huit valeurs sont données, allant d'un déficit de 38 milliards à un bénéfice de 3,5 milliards, et cela sans tenir compte de la variabilité possible du taux de chômage, de celle de l'espérance de vie ni de celle du solde migratoire. Le COR offre d'ailleurs un exemple presque caricatural de l'incertitude de ce genre de projection. Son précédent rapport, rédigé en juin 2021, estimait le déficit en 2032 à 5 milliards. Seize mois plus tard, le rapport d'octobre 2022 aboutit à 20 milliards de déficit, soit quatre fois plus. Si en moins d'un an et demi l'erreur atteint un tel ordre de grandeur, on imagine facilement son ampleur au bout de dix années, en 2032.

Il aurait été plus raisonnable de s'intéresser à l'équilibre des prochaines années plutôt qu'à celui de 2030, 2040 et même 2070, année la plus lointaine explorée par les projections du COR, ce qui revient à tirer des plans sur la comète. Comme le COR a adopté, jusqu'en 2027, le « schéma de stabilité du gouvernement » qui ne possède pas de variante, et qu'il a choisi l'hypothèse démographique moyenne, les déficits sont calculés sans variation jusqu'à cette date. Après 2027, le COR publie les déficits correspondant à chacune des quatre hypothèses de hausse annuelle de la productivité, ce qui fournit une fourchette. Le déficit moyen (ou le surplus) évolue de la manière suivante :

| | |
|---|---|
| 2022 | + 3 milliards |
| 2023 | + 1 milliard |
| 2024 | - 6,5 milliards |
| 2025 | -10 milliards |
| 2026 | -11 milliards |
| 2028 | -12 milliards |
| 2030 | -14,5 milliards |
| 2032 | -18 milliards |

Dans l'hypothèse défavorable d'une faible hausse de la productivité, la somme des déficits de 2022 à 2031 est de 94,5 milliards, soit à peu près le chiffre avancé par le gouvernement d'un déficit de 100 milliards en dix ans. On s'aperçoit qu'après une pause entre 2025 et 2027, le déficit augmente vite. Le rapport du COR en fournit l'explication :

> « Entre 2027 et 2032, le solde continuerait à se dégrader, en particulier pour les régimes de base des salariés du privé, principalement en raison de l'augmentation de la part des dépenses dans le PIB qui résulterait du net ralentissement de la croissance lié à la transition du taux de chômage vers sa cible de long terme. »

Traduisons : comme le schéma de stabilité prévoit un taux de chômage de 4,5 % en 2027 et que l'hypothèse moyenne du COR est de 7,5 %, le Conseil est contraint de faire remonter progressivement, de 2028 à 2032, le taux de chômage jusqu'à ces 7,5 %. D'ailleurs, une fois cette valeur atteinte en 2032, les déficits croissent plus lentement avant de décroître. En fait, le COR nous dit que la montée des déficits est causée par un artifice de la projection et qu'il n'a pas d'explication structurelle, mais seulement cette « transition du taux de chômage », comme il l'écrit en termes élégants.

## Embrouillamini du COR sur la contribution de l'État

On remarque plus haut que le déficit serait en 2027 de 10 milliards alors que le chiffre le plus souvent cité par le gouvernement est 12 milliards. Cet écart, qui a l'air anodin, s'explique par un retour du refoulé, de ces 30 milliards qui avaient disparu des écrans depuis quelques pages dans le rapport du COR. Les 10 milliards de déficit correspondent à une « convention EEC », et les 12, à une « convention EPR ». De quoi s'agit-il ? Le COR a effectué ses projections à système des retraites constant, donc sans les changements projetés. Il a ainsi reconduit la subvention d'équilibre de l'État, les fameux 30 milliards. Mais comment évaluer son montant au cours des prochaines années, car il dépend de l'évolution des régimes spéciaux et de celui des fonctionnaires, ainsi que de la volonté de l'État de continuer à faire l'appoint ? Le COR propose deux manières différentes de calculer l'apport de l'État, d'où ces deux conventions EEC et EPR. Les conséquences de la seconde, étant plus défavorables, sont en général celles que cite le gouvernement.

En résumé, les déficits à court terme estimés par le COR sont modestes – 4,7 milliards par an en moyenne de 2022 à 2026 (bien sûr en oubliant les 30 milliards) – et, à partir de 2027, ils sont accrus par les artifices de la méthode de projection. En outre, les réserves du système des retraites (celles des organismes de retraites complémentaires, l'AGIRC et l'ARRCO, et celle du Fonds de réserve pour les retraites) atteignent en valeur nette 163 milliards en 2021, en augmentation assez rapide. En cas de déficit modeste, puiser dans les réserves ne les diminuerait même pas, étant donné leur rythme de croissance actuel, car les régimes complémentaires ont réalisé des placements rentables : la capitalisation vient au secours de la répartition. Comment et pourquoi le gouvernement a-t-il pu parler d'une réforme urgente et d'un risque de faillite ? Pour cela, il a été nécessaire de développer ce qu'il nomme sa pédagogie, comme si les Français étaient de jeunes écoliers auxquels il fallait exposer simplement et patiemment les rudiments du problème pour qu'ils parviennent peut-être à le comprendre.

## Chapitre 7

# À réforme hasardeuse, communication ratée

Le dilemme du gouvernement était le suivant : s'il parlait des 30 milliards, l'affaire ne semblerait pas urgente, puisqu'elle traînait depuis des années. S'il parlait des déficits au cours des prochaines années, 2022 à 2026, le déficit apparaîtrait faible, surtout comparé aux mesures du gouvernement pour calmer les Gilets jaunes ou pour protéger la population des conséquences du Covid, et plus récemment de celles du renchérissement de l'énergie. Le seul moyen de susciter de l'inquiétude était de tirer argument du déficit prévu par le COR en 2030, qui était assez élevé en raison de l'artifice cité plus haut, et en 2040, en prenant une hypothèse défavorable (déficit de 21 milliards en convention EPR alors qu'en convention EEC, il n'aurait été que de 3,5 milliards pour une même hausse annuelle de la productivité).

Déclarer que le problème était urgent avait un motif peu avouable : limiter le temps de la discussion pour éviter que tous les problèmes soient mis sur la table, et parmi eux celui des 30 milliards, sans doute. L'argument de l'urgence justifiait la mise en œuvre rapide de la réforme. Avant toute discussion, il était décidé qu'elle commencerait en septembre de l'année, ce qui semble presque impossible étant donné les changements réglementaires et la mise à jour des logiciels informatiques, mais était nécessaire pour utiliser un « véhicule législatif », le PLFRSS, sigle barbare du projet de loi de finances rectificative de la sécurité sociale, qui permet de recourir à l'article 47-1 de la Constitution, énonçant les conditions de vote du budget de la sécurité sociale de la manière suivante :

> « Si l'Assemblée nationale ne s'est pas prononcée en première lecture dans le délai de vingt jours après le dépôt d'un projet, le Gouvernement saisit le Sénat qui doit statuer dans un délai de quinze jours. Il est ensuite procédé dans les conditions prévues à l'article 45.
> Si le Parlement ne s'est pas prononcé dans un délai de cinquante jours, les dispositions du

projet peuvent être mises en œuvre par ordonnance. »

En se donnant ainsi le moyen constitutionnel de limiter la discussion, le gouvernement et Macron espéraient vraisemblablement que les problèmes les plus délicats ne seraient pas approfondis et que les 30 milliards passeraient à l'as. La manœuvre est douteuse. Certes, le budget de la sécurité sociale doit être voté rapidement pour ne pas retarder son exécution, mais la réforme des retraites qui devait s'étaler sur de nombreuses années ne concernait pas son exécution dans l'année, sauf si l'on décidait de l'appliquer immédiatement. Si seulement le début d'application de la réforme avait été repoussé de quatre mois, donc en janvier 2024, l'utilisation du PLFRSS aurait été impossible. Ce qu'il faut bien qualifier de manipulation du gouvernement lui a permis d'éviter en grande partie la discussion de fond, mais a aussi eu une conséquence déplorable pour notre démocratie, avec des débats écourtés et chahutés à l'Assemblée, où seuls deux articles sur vingt-sept ont été discutés, et même au Sénat, où l'application d'un autre article de la Constitution a limité un peu plus le débat en court-circuitant nombre d'amendements.

## Des arguments misérables

Pire, les quelques arguments du gouvernement en faveur du projet, à part l'équilibre du système, ont été taillés en pièces comme ils le méritaient. Le cas le plus évident a été la promesse qu'aucune retraite ne serait inférieure à 1 200 euros par mois. D'après le gouvernement, plus de 200 000 personnes auraient été concernées. En fait, les conditions mises (en particulier 42 années de cotisations) en restreignaient énormément l'application. Après des passes d'armes souvent déplaisantes (le ministre du Travail, Olivier Dussopt, affirmant qu'il n'avait pas à fournir ses sources), le nombre de bénéficiaires est tombé à 40 000, puis entre 10 000 et 20 000 dans les dernières déclarations gouvernementales, soit dix fois moins qu'annoncé primitivement.

Autre argument du même ministre Dussopt : « Il n'y aura pas de perdant. » Dans toute réforme, il y a des gagnants et des perdants, et si le but est d'économiser de l'argent, il y a plus de perdants que de gagnants. La réforme abonde en exemples de perdants : les femmes qui, arrivées à 62 ans, avaient le nombre requis de trimestres en raison de ceux attribués à leur maternité seraient obligées d'attendre encore deux ans pour passer à la retraite. Les personnes sans diplômes ayant commencé à travailler à 17 ou à 19 ans devraient cotiser au moins 44 années, selon les règles édictées pour les carrières longues, comme on le verra plus loin. La Première ministre a développé à propos de l'un de ces sujets un argument assez retors : après avoir attendu jusqu'à 64 ans, les femmes jouiraient d'une surcote, puisqu'elles avaient déjà accompli leur nombre de trimestres parvenues à 62 ans. La grande majorité des Français et des Françaises ne recherche pas une surcote, mais la possibilité d'une vie différente et assez longue à la retraite.

L'argument le plus souvent martelé a été la comparaison de l'évolution du nombre de retraités, comparée à celle du nombre d'actifs. De 1 retraité pour 1,71 actif, on se dirigerait vers 1,60 en 2030, sous l'hypothèse d'une baisse assez importante de la mortalité et celle d'un solde migratoire assez faible, toutes deux défavorables. Dans le cas d'une stagnation de l'espérance de vie et d'un apport supplémentaire de migrants de 50 000 par an, le rapport des actifs aux retraités serait en fait de 1,64, certes plus faible que 1,7, mais seulement de 3,5 %. On objectera que 3,5 % de la dépense de retraite représente 11 milliards. On ne peut donc pas balayer l'argument d'un revers de la main.

Cependant, si ce calcul sommaire suffit à justifier la réforme, à quoi bon demander au COR d'effectuer des projections et de rédiger un rapport de 348 pages mobilisant une quarantaine de fonctionnaires de haut niveau ? La réponse est simple : le COR tient compte d'autres facteurs qui agissent sur les dépenses de retraite. Deux d'entre eux jouent un rôle important.

La mise en place de la réforme Touraine augmente progressivement le nombre de trimestres de cotisation, donc la durée de la vie active, ce qui a pour effet d'accroître le nombre d'actifs et de diminuer le nombre de retraités par rapport à la situation dans laquelle le nombre de trimestres demeurerait inchangé. Une règle de trois peut donner une idée de l'effet de cette réforme : un an de plus de cotisation porte la population active en 2030 de 30 millions (hypothèse COR) à 30,7 millions et diminue d'autant le nombre de retraités de 18,75 à 18,05 millions, soit un rapport qui remonte à 1,7. Bien entendu, il s'agit d'un majorant, car le comportement des travailleurs se modifie en conséquence, ce qui oblige à tenir compte des retraites anticipées, des surcotes, des décotes, etc.

Un second élément abaisse les dépenses. Il s'agit cette fois des réformes Séguin puis Balladur, qui indexent le niveau de la pension au départ comme durant toute la suite sur l'inflation et non plus sur l'évolution du salaire moyen. Autrement dit, les retraités ne profitent pas du progrès économique. Leur retraite reste bloquée à l'état de l'économie quand ils étaient encore actifs. Pour une croissance économique relativement faible, par exemple de 1 % par an, le décrochage de la pension par rapport au salaire moyen est de 22 % au bout de 20 années. Les dépenses du système des retraites en sont allégées d'autant plus que le nombre de retraités très âgés augmente rapidement. L'effet des réformes Séguin et Balladur se reflète sur l'état des dépenses à l'horizon 2070. Dans le cas de plus forte croissance prévue par le COR (hausse annuelle de la productivité de 1,7 %), la dépense descend à 12,1 % du PIB, alors que, dans celui de la plus faible croissance (hausse annuelle de la productivité de 0,7 %), la dépense reste aussi élevée que maintenant (14,7 % du PIB).

La communication calamiteuse et à la limite mensongère du gouvernement a été comprise par les Français, qui se sont de plus en plus opposés à la réforme, presque sans distinction de milieu social, ce qui est rare : dans l'enquête Ifop du 16 février 2023, 72 % des personnes interrogées étaient hostiles à la réforme des retraites. Seules

8 % se disaient tout à fait favorables, contre 49 % tout à fait défavorables. 72 % des cadres étaient défavorables, 77 % des professions intermédiaires et 80 % des ouvriers et employés[1]. Non seulement les arguments contre la retraite avaient un caractère d'évidence, mais les arguments favorables ont été disqualifiés un par un, parfois par le gouvernement lui-même, quand l'un de ses ministres a soulevé la question de l'accroissement des écarts de retraite entre les hommes et les femmes qu'allait provoquer la réforme, ce qui était une conséquence de son caractère systémique non assumé. Le cas le pire, si l'on peut dire, a été celui des carrières longues, dans lequel le gouvernement a rivalisé de cynisme pour séduire les parlementaires LR.

# Chapitre 8

# Carrières longues : le cynisme

Les régimes de retraite qui utilisent un double critère, celui de la durée de cotisation et celui de l'âge limite ou de l'âge pivot, sont confrontés à des incohérences qu'ils ne parviennent pas à lever en général. Faute de les surmonter, ils tentent parfois de les dissimuler sous des règles complexes.

## Un défaut de la réforme Touraine

La réforme Touraine en offre un exemple assez simple. Elle stipulait une augmentation de la durée de cotisation d'un trimestre tous les trois ans à partir de 2014 jusqu'à 2035, ce qui correspondait au passage de 41,5 années de cotisation à 43 ans. Mais, en précisant l'échéancier, elle a rapporté les augmentations non pas aux années de calendrier, mais aux années de naissance des futurs retraités, donc à leur génération au sens démographique du terme. La liste des durées de cotisation prévues pour les premières générations concernées par la réforme était la suivante :

| Dates de naissance | Durée de cotisation |
|---|---|
| 1955, 1956, 1957 | 41 ans et deux trimestres |
| 1958, 1959, 1960 | 41 ans et trois trimestres |
| 1961, 1962, 1963 | 42 ans |

etc.

Comme les âges de début d'activité sont variables, des personnes qui arrivent à la retraite une année donnée appartiendront à plusieurs générations différentes qui n'auront donc pas été soumises à la même durée de cotisation. Un exemple va illustrer cette remarque un peu sibylline :

Supposons qu'une personne A, née en juin 1956, commence à travailler à 24 ans exactement. Elle aura accumulé ses 41 ans et deux trimestres, obligatoires pour sa génération, en décembre 2021. Si maintenant une personne B, née en décembre 1961, commence à travailler à 18 ans exactement, elle devra cotiser durant 42 années, conformément à la réforme. Elle aura atteint son contingent de trimestres en décembre 2021, en même temps que la personne A. Toutes les deux prendront leur retraite à la même date, mais celle qui aura commencé à travailler le plus tôt (B) aura dû cotiser six mois de plus que son aînée (A). L'égalité à prendre en considération doit-elle être postulée à la naissance ou bien au moment de prendre sa retraite ? La seconde possibilité semble préférable. À leur naissance, les deux bébés n'auront aucun sentiment de leur égalité, tandis que, le jour de leur retraite, l'inégalité apparaîtra de manière flagrante. Une solution aurait consisté à fixer le nombre de trimestres en fonction de la date du passage à la retraite et non de celle de la naissance des retraités. Pour quelle raison ce choix n'a-t-il pas été retenu ? Difficile de le savoir, mais il est vraisemblable que des considérations administratives ont joué, notamment la difficulté de choisir une durée de cotisation dans les cas de décote et de surcote, car l'exemple qu'on vient d'exposer repose dans les deux cas sur le même nombre de trimestres, ceux nécessaires à l'ouverture des droits complets.

## Les carrières longues : pourquoi faire simple quand on peut faire compliqué

L'exemple précédent néglige le fait qu'en 2021, les droits ne pouvaient être ouverts qu'au moment d'atteindre l'âge de 62 ans. Pas de problème pour la personne A, qui aura à ce moment 65 ans et demi, mais la personne B sera âgée de 60 ans, donc au-dessous de la limite des 62 ans. Pour pallier la difficulté, des dispositifs dits des « carrières longues » avaient été adoptés. Lors de la nouvelle réforme, ils ont été, à nouveau, âprement discutés entre la majorité et les députés LR qu'il s'agissait de séduire pour qu'ils votent la loi. La difficulté est ici plus redoutable que celle qui vient d'être illustrée à propos de la réforme Touraine, car elle oppose la durée de cotisation à l'âge d'ouverture des droits. Si l'âge au premier emploi est assez jeune, la durée de cotisation sera atteinte avant la date d'ouverture des droits, et la personne devrait, en toute rigueur, attendre jusqu'à cette dernière sans toucher sa retraite, éventuellement en continuant à travailler.

Une manière simple de contourner la difficulté aurait consisté à supprimer l'âge d'ouverture des droits en imposant la même durée de cotisation à tous. Les âges au départ en retraite se seraient échelonnés. Seule aurait subsisté l'inégalité causée par la loi Touraine, somme toute assez mineure (une demi-année au plus). Sinon, pour une entrée en activité à 16 ans et l'ouverture des droits à 64 ans, il faudrait travailler durant 48 années et non 43, cible finale de la réforme. Pour résoudre la difficulté, le gouvernement a choisi une méthode compliquée avec de nombreuses chausse-trapes qui maintiennent une nette inégalité, quoi qu'en dise le député LR Philippe Vigier, qui déclarait à l'issue des débats que « tous ceux qui ont commencé à travailler avant 21 ans pourront partir à la retraite après 43 années de cotisation ». Si c'était vraiment le cas, pourquoi ne pas l'avoir mis dans la loi ?

Au lieu de cela, le gouvernement, pressé par les LR, a accouché des règles suivantes :

– Pour un début de carrière avant 17 ans avec 5 trimestres cotisés si l'on est né entre janvier et septembre et 4 trimestres cotisés si on est né d'octobre à décembre, puis le nombre nécessaire de trimestres cotisés, départ en retraite possible à taux plein à 58 ans.

– Pour un début de carrière avant 19 ans avec 5 trimestres cotisés si l'on est né entre janvier et septembre et 4 trimestres cotisés si on est né d'octobre à décembre, puis le nombre nécessaire de trimestres cotisés, départ en retraite possible à taux plein à 60 ans.

– Pour un début de carrière avant 21 ans avec 5 trimestres cotisés si l'on est né entre janvier et septembre et 4 trimestres cotisés si on est né d'octobre à décembre, puis le nombre nécessaire de trimestres cotisés, départ en retraite possible à taux plein à 62 ans.

– Pour un début de carrière avant 22 ans avec 5 trimestres cotisés si l'on est né entre janvier et septembre et 4 trimestres cotisés si on est né d'octobre à décembre, puis le nombre nécessaire de trimestres cotisés, départ en retraite possible à taux plein à 63 ans.

## Quelques exemples pour y voir plus clair

À la lecture de cette liste, on peut penser que le poisson a été noyé dans l'eau. Au premier coup d'œil, il est impossible de savoir exactement combien de trimestres sont nécessaires dans chaque cas. Pour y voir un peu plus clair, il faut recourir à des exemples, comme dans le cas de la réforme Touraine.

Soit une personne née en août 1963. Pour partir à 60 ans, elle doit avoir cotisé durant 5 trimestres avant le début de l'année 1982 (année de ses 19 ans), donc depuis le dernier trimestre de l'année 1980, puisqu'elle tombe dans le cas de figure du mois de naissance entre janvier et septembre. Elle a donc commencé à travailler au plus tard en octobre 1980, soit à l'âge de 17 ans et 2 mois. Quand elle pourra partir à la retraite à 60 ans, soit en août 2023, elle aura passé 42 ans et 10 mois en activité, ce qui est au-dessus de la durée actuelle requise pour l'ouverture normale des droits à 64 ans (41 ans et 6 mois), mais 2 mois au-dessous de la durée de cotisation lorsque la durée sera stabilisée à 43 années. Si la personne était née en janvier et non en août, le temps total d'activité serait réduit à 42 ans et 4 mois. Si elle était née en novembre, on passerait à la règle des 4 trimestres, ce qui mènerait à une durée totale d'activité de 42 ans et 10 mois, comme dans le cas du mois de naissance en août.

Supposons maintenant que la même personne ait commencé à travailler en février 1979. Elle ne pourra pas partir à 58 ans, car elle n'aura pas accumulé 5 trimestres dès l'année de ses 16 ans. Elle ne pourra liquider sa retraite qu'à 60 ans, en août 2023. La durée totale en activité aura alors été de 44 ans et 6 mois, bien au-delà de la durée normale, maintenant comme à terme. On peut multiplier les exemples. La moitié d'entre eux aboutit à une durée d'activité plus longue que 43 ans, celle requise à terme pour les personnes ayant commencé à travailler après l'âge de 21 ans. La précision que semblaient cerner les règles est donc en trompe-l'œil. Elle dissimule de graves inégalités qu'on peut qualifier d'injustices. Dans la moitié des cas, les carrières longues mériteront bien leur nom.

## La véritable punition des pauvres

Le plus gros désavantage que subissent les personnes ayant commencé à travailler avant 21 ans n'est cependant pas l'exigence de trimestres acquis avant un certain âge, mais réside dans un seul terme, celui de « cotisé », auquel on ne prête pas attention de prime abord. En effet, les trimestres que l'on a acquis sont soit cotisés, s'ils correspondent à l'exercice d'une activité, soit attribués, pour les périodes de chômage et d'arrêt maladie ou comme majoration pour enfants. Il y a donc une durée tout court qui comprend tous les trimestres. Elle est prise en compte lorsque l'on atteint 64 ans, à l'ouverture du droit à la retraite. Mais, si l'on possède plus tôt le nombre de trimestres nécessaires, certains correspondant à des périodes de chômage ou à des maternités, la durée n'est pas suffisante, elle doit être cotisée. Seuls 4 trimestres peuvent ne pas avoir été cotisés en raison d'un chômage, d'un arrêt maladie ou d'une maternité. Or les personnes qui ont commencé à travailler jeunes ont été victimes du chômage et d'accidents du travail plus souvent que celles qui sont entrées sur le marché du travail après des études longues. Beaucoup d'entre elles qui posséderont le nombre de trimestres tout court ne disposeront pas du nombre de trimestres cotisés à l'âge où elles pourraient partir en retraite selon le dispositif de carrières longues. Elles seront contraintes de travailler plus longtemps, parfois jusqu'à 64 ans, âge auquel leurs trimestres non cotisés seront enfin pris en compte, pourvu qu'ils soient en nombre requis.

La réforme est donc particulièrement injuste socialement. Elle a été opérée largement sur le dos des travailleurs ayant les plus faibles revenus, les métiers les plus durs et les carrières les plus hachées, contre lesquels elle s'est véritablement acharnée. La déclaration de Philippe Vigier selon laquelle tous partiront après 43 ans de cotisation évoque bien la durée de cotisation et non de la durée tout court. Elle est déjà fausse en ce qui concerne la durée de cotisation, comme les exemples l'ont montré. Elle est surtout cynique, car elle masque les années de rallonge que devront travailler les personnes dont les emplois sont les plus difficiles et les moins payés, ceux aussi qui ont subi plus souvent que la moyenne le chômage et la maladie, donc acquis des trimestres non cotisés.

Un dernier argument a souvent été utilisé par le gouvernement : celui de l'âge plus élevé du départ en retraite dans l'immense majorité des autres pays développés. La réforme avait pour objectif de nous rapprocher d'eux.

# Chapitre 9

## Comparaisons internationales

L'un des arguments martelés par la communication du gouvernement a été la singularité de la France en matière de retraites par rapport à l'ensemble des pays développés. Avant la réforme, l'âge de liquidation des droits y était l'un des plus précoces, et la durée de travail au cours de la vie l'une des plus courtes. Ces constats sont exacts, mais quelle est la possibilité de comparer les systèmes au vu de ces deux indicateurs seulement, et quelle est plus généralement la légitimité de la comparaison internationale pour justifier une réforme ?

De l'avis même de ses professionnels, on a vu que le système des retraites français est d'une grande complexité. Les systèmes étrangers ne le cèdent en rien. En outre, comme en France, ils sont très souvent réformés. La dernière étude de l'OCDE sur les retraites dans 38 pays membres de l'organisation liste les réformes des cinq dernières années sur vingt pages en petits caractères[1].

## Les trois piliers

Non seulement les paramètres des systèmes des retraites varient d'un pays à l'autre, mais surtout leur architecture d'ensemble. Pour y mettre un peu d'ordre, on distingue habituellement trois « piliers ». Le premier, qui est obligatoire, correspond à une pension de base souvent peu variable. On le qualifie de « beveridgien », car il a été proposé en Grande-Bretagne par le rapport Beveridge en 1942 pour lutter contre la pauvreté des travailleurs âgés. Le deuxième pilier, auquel on rattache les retraites complémentaires gérées en France par l'AGIRC ou l'ARCCO, est fonction des cotisations versées au cours de l'existence, elles-mêmes proportionnelles aux salaires jusqu'à un certain plafond. Institué en Allemagne par Bismarck, on le qualifie de « bismarckien ». Selon les pays, les retraites complémentaires peuvent être gérées par l'État ou par le secteur privé. Enfin, le troisième pilier correspond à la retraite par capitalisation. Soit à l'initiative individuelle, soit pour le personnel d'une entreprise, un fonds de pension est constitué par des cotisations mensuelles. Au moment de la retraite, le capital accumulé est soit versé en bloc (souvent le cas au Japon), soit sous forme de pension mensuelle, à la manière des annuités d'une rente viagère.

## Extrême diversité des régimes de retraite nationaux

Chacun des trois piliers obéit à des règles différentes et particulières à chaque pays, que ce soit pour l'âge auquel on peut « liquider » sa pension, c'est-à-dire commencer à toucher sa retraite, ou pour le nombre de trimestres d'activité nécessaire, ou pour les droits au titre de la pénibilité et du nombre d'enfants, ou pour l'âge en début d'activité (« carrières longues »). Plus subtilement, il faut distinguer les trimestres selon qu'ils ont été attribués par cotisation ou sans, ce qui est le cas des périodes de chômage et de maladie et pour les maternités. Dans dix pays de l'OCDE, les règles sont même différentes pour les hommes et les femmes.

Voici quelques exemples parmi des centaines : alors qu'en France, l'âge de liquidation des droits à taux complet est de 62 ans, puis 64 ans après la réforme, en Italie, bien que cet âge soit de 67 ans, on peut bénéficier de la règle des « 102 » : si la somme des années d'activité et de l'âge atteint 102 ans, on peut partir en retraite à taux complet, par exemple à l'âge de 60 ans avec 42 annuités de cotisation. En Allemagne, on peut partir avant l'âge d'obtention des pleins droits, moyennant une décote de 3,6 % par année manquante. La même possibilité est ouverte dans une quinzaine de pays, avec des retenues variables. Là où la capitalisation représente une part importante de la retraite, les règles peuvent être très souples : par exemple, la possibilité de retirer son capital après cinq ou dix ans. Or la part de capitalisation est importante dans certains pays : aux Pays-Bas, 47 % du total des retraites versées le sont par des fonds de pension publics ou privés, 44 % en Grande-Bretagne, 36 % au Danemark, 24 % en Suède, 17 % en Allemagne (retraites d'entreprise). En France, quelques professions sont soumises au régime de la capitalisation, par exemple les salariés de la Banque de France, mais cela représente très peu de monde.

La comparaison des âges de liquidation de la retraite n'a donc pas grand sens. Dans sa revue des régimes de retraite, l'OCDE se contente de calculer pour chaque pays un « âge normal » de départ pour une personne ayant intégré le marché du travail à 22 ans. Avec 63,5 ans, la France occupe une position moyenne (22 ans + 41,5 années de cotisations). Onze des trente-huit pays de l'organisation se situent à un âge plus élevé, et quatorze à un âge plus faible. Le classement serait assez différent si l'on prenait comme référence les carrières longues ou hachées. L'impossibilité de comparer les systèmes à l'aide d'un indice ne veut pas dire qu'ils sont absolument singuliers, à la manière des monades de Leibniz. La comparaison de la condition des retraités est plus facile à mener, comme on va le voir. Mais auparavant, il faut poser la question de la légitimité de l'usage des comparaisons internationales. Chaque système des retraites est tributaire de l'histoire des réformes successives qui l'ont façonné depuis son instauration, ainsi que, plus généralement, de la structure sociale du pays. L'attitude des Anglais vis-à-vis de la pauvreté telle que reflétée par les longs débats sur les lois des pauvres de l'époque de Malthus, le rôle des syndicats allemands dans la cogestion des entreprises ne sont pas extrapolables directement à la France. S'il fallait en outre s'inspirer de la moyenne européenne pour envisager une réforme, la liste des exceptions françaises à rectifier serait longue. Par exemple, la France est le seul pays à donner au président de la République un rôle dominant. Se calquer sur la moyenne européenne signifierait revenir à un vrai régime parlementaire. On peut aligner bien d'autres exemples, allant du nombre de prisonniers par habitant au respect des lois environnementales proposées par Bruxelles.

## Des retraités favorisés

Ne pas copier les pays voisins ne signifie pas qu'on renonce à comprendre la spécificité française en matière de retraites. Or, quand on se penche sur les caractéristiques des actifs et des retraités, elle est manifeste. Pour commencer, au lieu de limites d'âge administratives, il faut considérer l'âge auquel les Français partent réellement en retraite. Dans l'étude menée par l'OCDE en 2021, ils sont les troisièmes à quitter le travail le plus précocement, à 60,4 ans, précédés seulement par les Slovaques et les Luxembourgeois. Le pays de l'Union où le départ est le plus tardif est la Suède (65,8 ans) et, hors d'Europe, il s'agit du

Japon et de la Nouvelle-Zélande (68,2 ans), la moyenne européenne étant de 63,8 ans. Quelles que soient les règles, ou plutôt à cause de leur foisonnement, les départs à la retraite ne correspondent pas aux standards administratifs tels que l'âge normal calculé par l'OCDE, cité plus haut. Les carrières longues, les trimestres obtenus pour compenser la pénibilité ou les interruptions de carrière à cause de la naissance des enfants chamboulent les âges auxquels on quitte l'activité.

La précocité française se retrouve dans le pourcentage des actifs, âgés de 60 à 64 ans. Un tiers seulement des Français de cette classe d'âge sont encore actifs, contre 62 % des Allemands et des Suisses, 70 % des Japonais et des Suédois. Seuls les Slovaques, les Luxembourgeois et les Autrichiens partent quelques mois plus tôt que nos compatriotes. Il est d'ailleurs logique et presque mathématique que ceux qui partent le plus tôt soient le moins souvent en activité après 60 ans. Comme l'espérance de vie des Français est en outre l'une des plus élevées au monde, le temps moyen passé à la retraite est l'un des plus longs, les hommes français n'étant distancés que par les Luxembourgeois, et les femmes par les Grecques et les Espagnoles (à cause d'âges légaux d'obtention de la retraite plus précoces que ceux des hommes).

Les Français jouissent ainsi de quatre années de retraite de plus que la moyenne des pays développés (et cinq ans de plus que les Américains), soit un avantage de 17 % ou encore d'un sixième environ de la vie passée à la retraite.

## Revenu et pauvreté des âges

On pourrait imaginer que l'avantage démographique des Français soit contrebalancé par un niveau moins élevé des pensions que dans les pays où l'on quitte l'activité plus âgé. On observe le contraire. En France, le revenu d'une personne de plus de 65 ans est le même que celui de la moyenne générale, alors que, pour l'ensemble de l'OCDE, il se situe 12 % plus bas comme en Allemagne, 20 % plus bas au Royaume-Uni et un tiers moindre dans les pays baltes, en queue de peloton. Seuls les Luxembourgeois font mieux que les Français en Europe. L'avantage des Français est d'autant plus remarquable que les personnes de plus de 65 ans ne sont pas toutes retraitées, certaines n'ayant pas travaillé (femmes au foyer, surtout, ne disposant souvent que d'une pension de réversion, moitié moins que celle touchée par leur mari).

La conséquence de cette situation favorable des personnes âgées se lit dans leur faible taux de pauvreté en comparaison de celui des plus jeunes, comme on l'a vu plus haut, mais aussi de ceux des autres pays développés. 3,5 % des personnes de plus de 65 ans vivent au-dessous du seuil de pauvreté en France, contre 13 % en moyenne dans les quarante et un pays de l'OCDE. Seuls les Danois, Néerlandais, Norvégiens et Islandais font un peu mieux. En revanche, dans de grands pays, la proportion de personnes âgées pauvres est nettement plus élevée : 9 % en Allemagne, 15 % en Grande-Bretagne et 23 % aux États-Unis.

Le mystère par lequel les Français, tout en travaillant moins longtemps, disposent d'une retraite élevée n'est pas difficile à percer. Parmi les pays de l'Union européenne, ils consacrent l'une des plus fortes proportions de leur PIB aux dépenses de retraite, dépassés seulement par la Grèce et l'Italie. En 2019, dernière année normale avant l'épidémie, ces dépenses s'élevaient à 14,7 % du PIB, contre 12,7 % pour l'ensemble de l'Union. Curieusement, sur ce sujet, le rapport du COR a été rassurant : quelles que soient les hypothèses choisies, la part des retraites dans le PIB ne retrouve pas le chiffre de 2019, aussi loin que la projection soit poussée. Mais le niveau auquel se situe la France, niveau que les 30 milliards de rallonge de l'État contribuent à maintenir, n'a pas été remis en question.

## Équité des étapes de la vie

La question n'est pas de tenter de réduire la part des retraites dans le PIB par référence à la situation dans les autres pays développés, mais de la discuter et éventuellement de la justifier. Toutes les sociétés n'accordent pas la même importance aux divers âges. Certaines favorisent la jeunesse – par exemple la Grèce ancienne, où le droit de voter sur l'Agora était retiré à 60 ans, ou encore le Troisième Reich, qui parlait d'un « corps du peuple » (*Volkskörper*), et le fascisme italien, dont l'air national s'intitulait *Giovinezza*, l'un et l'autre dressant un parallèle entre la jeunesse de leur régime et celle d'un corps humain. Inversement, d'autres populations accordaient plus de poids à l'âge et à l'expérience – Rome avec ses sénateurs et son *cursus honorum*, de nombreuses sociétés traditionnelles d'Afrique, où les chefs et les prêtres appartiennent aux générations les plus âgées, les jeunes adultes étant guerriers puis agriculteurs ou éleveurs.

Résorber ou non les 30 milliards d'aide de l'État supposait d'ouvrir une discussion générale sur l'équilibre des droits et des devoirs de chaque classe d'âge. On aurait pu soutenir qu'il était prioritaire de lutter contre la pauvreté des plus âgés, car elle était sans rémission possible, tandis que les jeunes avaient la vie devant eux. Ou au contraire estimer que le progrès de la nation reposait sur les épaules des jeunes, dont il fallait encourager l'audace et l'inventivité en leur évitant la précarité. À l'issue de débats qui méritaient de durer longtemps, étant donné l'importance de la question, telle ou telle classe d'âge aurait pu être favorisée, ou aucune. Ainsi, au cas où l'on aurait souhaité valoriser la jeunesse, les 30 milliards auraient pu être épongés progressivement en diminuant les pensions pour lui être reversés. Puisqu'ils représentent 9 % du total de la dépense des retraites, cela aurait signifié à terme que le rapport entre le revenu des retraités et le revenu moyen serait passé à environ 0,91 au lieu de la parité, 0,91 étant encore légèrement supérieur à la moyenne européenne. Si, au contraire, on avait décidé de maintenir l'avantage relatif des personnes âgées, on aurait conservé l'aide de l'État en la justifiant par le choix d'éviter la pauvreté aux âges avancés, ce qui historiquement a réduit le recours au minimum vieillesse, passé de 2,6 millions de bénéficiaires en 1970 à 600 000 actuellement.

Au lieu de cela, la réforme a fait porter la charge sur les travailleurs les plus pauvres, qui sont aussi ceux dont les tâches sont les plus pénibles et les plus dangereuses, en accroissant le nombre de trimestres qu'ils devaient passer en activité. Porter l'âge d'ouverture des droits de 62 à 64 ans est sans effet pour une personne entrée en activité à 21 ans quand il faut cotiser durant 43 ans. Tout au plus perd-elle la surcote qu'elle aurait obtenue dans l'ancien système si elle partait à 64 ans, un an après avoir accompli les 41,5 trimestres alors exigés. En revanche, la personne qui a commencé à travailler à 16 ans ou à 18 ans devra souvent travailler 44 ans au moins, étant donné les conditions restrictives posées aux carrières longues, au sujet desquelles on a montré les manœuvres du gouvernement. Afin sans doute de les dissimuler, les ministres et les députés gouvernementaux ont régulièrement affirmé que la réforme était juste sans jamais préciser ce qu'ils entendaient par ce mot. Peut-on, à leur place, définir des principes d'un régime de retraites juste ?

## Chapitre 10

# La justice : une proposition

En revenant à l'esprit de la réforme à points de 2020, on peut proposer une définition de la juste retraite qui combine le respect de deux principes :

1/ « Pour faire un vieux, il faut toute une vie », titre un chapitre de l'ouvrage *Politique de l'âge et santé* [1]. En clair, parvenu à l'âge de la retraite, l'état de santé d'une personne dépend de toutes les années qu'elle a vécues et plus spécialement de celles, encore proches, durant lesquelles elle a été active.

2/ Un régime de retraite sera juste si un nombre égal d'années d'activité donne droit à une égale durée de vie en bonne santé à la retraite. Par exemple, tous ceux qui auront travaillé 42 années auront droit à un nombre d'années de retraite en bonne santé, le même pour tous quel que soit l'âge auquel ils ont commencé à travailler. Dans le système à points, toute heure travaillée donnait des points qui seraient convertis en pension à la retraite. Il reposait donc sur une égalité de type financier. La définition de la justice que l'on propose n'est pas en monnaie mais en années de vie en bonne santé, ce qui est plus simple à comprendre et, je crois, plus profond ou plus réel.

Toute la difficulté de mise en place du principe de justice tient à ce que les âges de début de carrière varient selon les individus, donc que la durée de leur vie à la retraite peut varier en conséquence. Certains commenceront à travailler à 16 ans, d'autres à 22 ans. La solution passe par le fait que ceux qui entrent précocement en activité n'ont pas la même espérance de vie que ceux qui entrent tardivement. On ne dispose pas de statistiques sur l'espérance de vie selon l'âge en début de carrière, mais selon le diplôme, qui en est une approximation : ceux qui n'ont aucun diplôme ont en général commencé à travailler jeunes, ceux qui ont un diplôme universitaire, tard. L'Insee a construit des tables de mortalité selon le niveau d'éducation[2]. Parvenus à 62 ans, les hommes sans diplôme ont une espérance de vie de 19,2 années, ceux qui ont le brevet, de 20,5, un CAP ou un BEP, de 21,3, le bac, de 22,3 et un diplôme universitaire, de 23,3 ans. Entre les deux extrêmes, la différence d'espérance de vie est donc de 4 années. Dit autrement, une personne sans diplôme âgée de 59 ans a la même espérance de vie qu'un diplômé de l'université âgé de 63 ans.

## La bonne santé

Mais avoir la même espérance de vie ne signifie pas que l'on a la même espérance de vie en bonne santé. Cette dernière est difficile à quantifier, car la notion de santé n'est pas aisée à préciser dans le détail. On s'en rend compte dans les statistiques d'Eurostat[3] consacrées au sujet : ainsi, les Bulgares ont 6,8 années de vie en mauvaise santé, les Français, 12,1, les Suédois, 6,5, les Autrichiens, 13,8. Visiblement, les définitions de la santé varient de pays à pays, ce qui les rend peu comparables. Cependant, à l'intérieur d'un même pays, même si la définition a des défauts, la comparaison entre deux groupes de la population devient pertinente. À partir d'un travail de l'Inserm, on peut calculer le nombre moyen d'années de vie en mauvaise santé des cadres et des ouvriers[4]. Ces derniers passent environ deux années de plus en mauvaise santé. On peut rapprocher la catégorie des cadres de celle des plus diplômés et celle des ouvriers des moins diplômés. L'écart d'espérance de vie entre ces deux groupes sociaux est d'ailleurs aussi de 4 ans dans les calculs de l'Insee. Il est alors vraisemblable que l'écart d'espérance de vie en mauvaise santé entre les sans-diplôme et les diplômés de l'Université soit aussi d'environ 2 ans ; donc, pour reprendre l'exemple donné plus haut, que celui qui a commencé à travailler à 16 ans ait à 59 ans la même espérance de vie en bonne santé qu'à 65 ans celui qui a commencé à travailler à 22 ans. Tous les deux auront travaillé pendant 43 ans. Les six années de différence de vie en bonne santé du premier par rapport au second correspondront exactement aux six années de retard du début de la carrière du second sur le premier. Le principe de justice posé plus haut sera donc vérifié : chacun aura travaillé durant 43 années et chacun aura, à sa retraite, la même espérance de vie en bonne santé, l'un à partir de 59 ans, l'autre, de 65 ans.

Définir de cette manière les droits à la retraite présente de nombreux avantages. Pour commencer, tous sont logés à la même enseigne d'une durée d'activité de 43 ans dans cet exemple. L'égalité ne dépend pas de la durée prise en exemple : elle se maintient pour des durées plus faibles ou plus longues, et avec elle le caractère de justice du système. Ensuite, la pénibilité est indirectement prise en compte dans sa manifestation la plus grave, le raccourcissement de l'espérance de vie en bonne santé, cause de l'écart entre les entrées précoces et tardives dans l'exemple. En effet, dans les enquêtes sur les conditions de travail effectuées par la Direction de l'animation, de la recherche, des études et des statistiques, la Dares, rattachée au ministère du Travail d'Olivier Dussopt, 7 % des cadres estiment être soumis à trois contraintes physiques, contre 69 % des ouvriers non qualifiés. Écart analogue pour les contraintes de rythme (11 % et 74 % respectivement) et pour nombre d'autres critères[5]. Les deux tiers des troubles musculo-squelettiques à l'origine de 88 % des maladies professionnelles reconnues concernent des ouvriers, loin d'atteindre une telle proportion dans la population retraitée, ne serait-ce qu'à cause de leur mortalité précoce[6].

Jusqu'ici, l'exemple a porté seulement sur les hommes. Or les femmes ont une espérance de vie nettement plus élevée (actuellement 85,2 ans contre 79,3 ans pour les hommes). Mais leur espérance de vie en bonne santé à 65 ans est assez voisine (12,6 ans contre 11,3 ans pour l'autre sexe, en 2022)[7], car elles passent une plus grande partie de leur vie restante en mauvaise santé, par rapport à leurs compagnons. À peu de mois près, le principe d'égalité proposé s'applique donc à elles, sans préjudice des trimestres supplémentaires pour leurs maternités.

Cette possibilité d'un système des retraites souple et cohérent est ici seulement esquissée, ne serait-ce qu'à cause du manque de données qui a obligé à jongler entre âge au départ, niveau de diplôme et catégories sociales, mais il est possible de rassembler sans trop de difficultés les statistiques nécessaires, les données pour les produire existant, par exemple les espérances de vie selon l'âge d'entrée en activité. La plus grande difficulté viendrait des changements de catégorie sociale, mais on peut imaginer des panachages analogues aux réversions attribuées aux femmes divorcées en fonction du nombre d'années de vie commune avec leur époux. La proposition est cohérente, car elle repose sur une définition simple de la justice. Les ministres qui ont eu souvent le mot de justice à la bouche ont été incapables de dire en quoi elle consistait. La proposition est souple, le principe de justice proposé ici résistant aux changements des paramètres, particulièrement à celui de la durée de cotisation, tel qu'il a été mis en œuvre par la réforme Touraine.

## Après la justice, la liberté

Il est impossible de construire un système des retraites simple quand on utilise deux critères temporels, celui de la durée d'activité (les 43 années cible de la réforme Touraine) et celui des âges limites (l'âge de 64 ans dans la dernière réforme). Il en résulte des incohérences liées à l'âge de début de carrière, mais aussi des rigidités. En toute rigueur, le travailleur devrait pouvoir choisir l'âge auquel il prend sa retraite, sachant que le montant de sa pension serait lié à son nombre d'annuités. Dans le système par capitalisation, la liberté est à peu près totale, puisque le travailleur constitue son capital-retraite, par exemple en adhérant à un fonds de pension. En général, il peut réaliser ce capital après une durée minimale de cotisation et selon la modalité qu'il désire, toute la somme d'un coup ou un versement par annuités, comme dans une rente viagère.

Dans le système par répartition, tant qu'il n'existe pas d'âge minimal auquel toucher sa pension, les départs avant le nombre d'années requis entraînent une décote (5 % en moins par an dans le système français) et les départs au-delà du nombre requis, une surcote (5 % en plus par an). Cela est nécessaire pour sauvegarder l'équilibre du système. Celui qui part un an plus tôt verse un an de moins de cotisations et touche sa pension pendant un an de plus, point qui a été discuté dans un chapitre précédent. On peut le vérifier sur un exemple dans lequel le taux de cotisation est de 20 %, le taux de remplacement (rapport de la pension au salaire moyen) de 60 %, et la durée de vie en retraite de 20 ans. Pour maintenir l'équilibre du système des retraites quand on part avant la durée légale, le calcul montre que la pension devrait être diminuée de 6,3 % pour chaque année d'activité en moins, ce qui n'est pas très éloigné des 5 % du système français. Inversement, en partant une année après la durée légale d'activité, le travailleur cotise une année de plus et touche une année de pension en moins. Pour que son impact sur l'équilibre du système des retraites soit nul, sa pension devrait être revalorisée de 7 %[8] par année supplémentaire. Ces valeurs sont données à titre indicatif, pour fixer les ordres de grandeur.

La méthode possède un défaut dans le cas où les décotes sont nombreuses et un avantage en sens inverse. Dans le cas de la décote, le versement de la première année n'est compensé pour le système que la dernière année, soit 21 ans plus tard dans l'exemple donné plus haut, ce qui pose des problèmes de trésorerie, voire demande des intérêts à payer en cas d'emprunt pour équilibrer cotisations et pensions chaque année. Au contraire, en cas de surcote, le système capitalisera la pension qui aurait dû être versée et ne retrouvera l'équilibre que 19 ans après. On peut aussi penser que ceux qui demandent une décote sont en moins bonne santé que ceux qui choisissent une surcote, ce qui est avantageux pour le système. Cependant, la complexité des effets qu'entraînerait une liberté totale de choix a contraint la plupart des pays à limiter les durées ou les âges auxquels on pouvait exercer un choix sur la durée d'activité ouvrant droit à pension. La France a cependant choisi le système le plus rigide, transformant l'âge de 64 ans en un véritable mur créateur d'injustices.

# Conclusion

## La faiblesse

Deux questions restent en suspens : en premier lieu, pourquoi le gouvernement n'a-t-il pas eu le courage de mettre sur la table les 30 milliards en proposant à la nation une discussion élargie de leur justification et des moyens éventuels de résorber le déficit selon le choix opéré en faveur de telle ou telle classe d'âge ? Il aurait pu donner le temps au Parlement d'en débattre ou encore constituer un groupe d'experts indépendants, puisque le COR ne l'était pas suffisamment. En fonction du résultat, le déficit aurait pu être épongé en une dizaine d'années, de manière que le système des retraites revienne à l'équilibre, ou bien maintenu pour préserver le niveau de vie des retraités. À cette occasion, on aurait pu regrouper les différentes caisses et mettre fin à l'incroyable

Meccano qui s'était constitué au cours de 77 années d'existence du système, et qui avait permis de camoufler les 30 milliards parmi les mille et une différences entre les régimes et leurs compensations. Retirer chaque année 3 milliards de la dette aurait pu se faire en modifiant les paramètres, soit 0,9 % d'augmentation par an des cotisations pendant dix ans, soit en limitant l'indexation des pensions, soit en raccourcissant de quelques mois les délais de la réforme Touraine, soit une combinaison des trois. Inévitablement, telle ou telle promesse aurait été remise en cause, celle de ne pas augmenter les prélèvements ou de ne pas abaisser relativement les pensions, entre autres.

Au lieu de cela, et c'est la deuxième question, pourquoi le gouvernement a-t-il choisi de remonter de deux ans l'âge de liquidation des droits, ce qui était sans rapport avec le système à points qu'il avait fait voter trois ans plus tôt ? S'est ensuivie une cascade de couacs – carrières longues, pénalisation des carrières féminines, pénibilité, pour ne citer que les principaux. L'explication se trouve peut-être derrière le ton martial adopté par le Président et par le gouvernement dans le lancement de la réforme, ainsi que dans la dramatisation (l'urgence, la faillite dont Attal a brandi la menace). À la lueur de ce que l'on a détaillé, une telle agressivité masque une faiblesse, celle de ne pas oser s'attaquer aux 30 milliards. Le relèvement de l'âge d'obtention des droits de 62 à 64 ans (primitivement 65 ans) paraissait un moyen simple de parvenir à purger les 30 milliards sans les citer. Pour cela, outre la menace mensongère d'un effondrement du système par répartition, il fallait faire vite, d'où l'idée de loger la réforme dans le vote du budget de la sécurité sociale, ce qui permettait d'utiliser l'article 47-1 de la Constitution, donc de limiter fortement la durée des débats. Ces ficelles sont méprisables, certes, mais surtout lourdes de menaces pour l'avenir.

## L'avis du Conseil constitutionnel

On pouvait espérer (sans se faire trop d'illusions) que le Conseil constitutionnel mettrait le holà à cet usage tortueux de la Constitution, mais il n'a pratiquement pas bronché[1]. Certes, aucune des étapes de la discussion de la réforme n'a été illégale. Mais elles ont été rendues possibles par les lacunes de la Constitution, ou plus précisément par ce qu'elle n'avait pas précisé, car allant de soi. Ainsi, le 47-1 destiné à accélérer le PLFRSS a pour raison d'être de permettre l'ouverture des crédits sociaux de l'année et d'elle seule, mais, cela n'ayant pas été précisé dans la Constitution, il a été utilisé pour des mesures qui s'étendent jusqu'en 2030. Le Conseil constitutionnel s'est drapé dans sa dignité de légiste, mais en fait il a pris clairement parti pour le gouvernement. Cela est manifeste au moins sur deux points qui ne relevaient pas de sa compétence :

– En écrivant dans son avis que le déroulement de la réforme « n'a pas porté d'atteinte substantielle aux exigences de clarté et de sincérité du débat » : on a pu juger de la sincérité plus haut à propos des 1 200 euros minimum pour les petites retraites et de la clarté à propos des carrières longues, et plus généralement au sujet des 30 milliards toujours absents. On a pu aussi se rendre compte de la nature du débat, délibérément tronqué par le gouvernement à l'Assemblée et au Sénat.

– En écrivant en outre : « Le législateur a entendu assurer l'équilibre financier du système des retraites par répartition et ainsi en garantir la pérennité. Il a notamment tenu compte de l'allongement de l'espérance de vie. » On a vu tout au long de cet ouvrage ce qu'il en était des calculs financiers du COR à l'aide d'hypothèses *ad hoc* et d'une reprise du plan gouvernemental de stabilité, qui est un instrument administratif et non un exercice de prospective indépendant. Quant à la mortalité, les deux premiers chapitres ont montré qu'en 2022 l'espérance de vie des hommes n'avait augmenté que d'un mois par rapport à 2014, huit ans plus tôt, et que celle des femmes était encore inférieure de trois mois par rapport à cette même année. Quelle est l'expertise des neuf membres du Conseil constitutionnel en matière de mortalité qui leur permette d'ignorer les données ainsi que les analyses des spécialistes ?

Voilà un Président, un gouvernement et même un Conseil constitutionnel déconsidérés devant l'opinion, tant par l'injustice de la réforme proposée que par la maladresse, voire les mensonges employés pour la faire passer. Ils ont entraîné dans leur discrédit la classe politique déjà peu populaire, que ce soit par le spectacle de l'Assemblée en pagaïe, incapable de voter plus de 2 articles de la loi sur les 27 à examiner, ou par celui du Sénat, où la discussion a été écourtée – sans oublier le 49-3. Dans un colloque récent[2], Robert Zarader, conseiller de Hollande puis de Macron (on lui attribue la paternité du slogan « En marche ! ») a dit sa crainte qu'« au renoncement, succède le ressentiment des Français ». Macron et son parti pensent que l'épisode sera oublié. Le Président a fait mine de considérer les mouvements populaires comme négligeables, préférant durant la crise accueillir à dîner le roi déchu d'Espagne, chassé du trône pour des scandales financiers, et donner une interview au périodique *Pif le chien*, dans lequel il a parlé de son doudou, plutôt que de recevoir les dirigeants des syndicats qui, tous unis contre la réforme, ont fait défiler des millions de Français au cours de cinq mois de contestation. Il se peut effectivement que l'oubli trace son chemin, puisque les prochaines échéances électorales sont relativement lointaines, mais il se peut aussi que le RN, qui est resté en embuscade, rafle la mise à terme, ce que les récents sondages d'opinion laissent nettement entrevoir[3].

## Dernières manœuvres

Le Conseil constitutionnel devait répondre à deux autres demandes déposées par les partis de gauche, celles d'un référendum d'initiative populaire. La première, qui avait été mal rédigée, a été rejetée assez rapidement. La seconde, qui méritait plus d'attention, a cependant connu le même sort. Restait une dernière carte aux adversaires de la réforme. Elle a été tentée par le groupe Liot, composé de députés des départements et territoires d'outre-mer et de centristes dont la personnalité la plus connue est Charles de Courson, respecté pour sa compétence en finances et en droit constitutionnel. Lors de sa « niche » parlementaire à laquelle il a droit comme tout groupe politique, Liot a déposé une proposition de loi retoquant la réforme. De telles propositions doivent satisfaire l'article 40 de la Constitution, qui stipule :

> « Les propositions et amendements proposés par le Parlement ne sont pas recevables lorsque leur adoption aurait pour conséquence soit une diminution des ressources, soit la création ou l'aggravation d'une charge publique. »

Pour respecter cet article, une proposition de réforme est en général double, une part pour ce qui coûtera en plus à l'État et une autre pour ce qui compensera le coût supplémentaire. La proposition déposée par Charles de Courson pour le groupe Liot comprenait donc deux articles : le premier stipulait simplement l'abrogation de la loi de réforme des retraites du 14 avril, ce qui créait un déficit pour l'État ; le second article compensait ce déficit « à due concurrence » par une majoration des taxes sur les tabacs.

La présidence de l'Assemblée ne pouvait qu'accepter la proposition, puisqu'elle satisfaisait formellement à l'article 40, ce qu'elle a fait. Ensuite, il fallait l'aval de la commission des Finances, qui lui a été donné, puis de la commission des Affaires sociales, qui lui a été refusé par 36 voix contre 34, à l'issue d'une séance ubuesque où les arguments comptables n'ont pas été discutés, pour la bonne raison qu'ils demandaient un important travail technique : le bénéfice attendu de la réforme des retraites n'avait pas pu être évalué correctement à l'Assemblée ni au Sénat lors de la discussion ou pseudo-discussion de la loi. À court terme, une évaluation du bilan était impossible ; à moyen terme, l'incertitude était énorme. On a en effet constaté plus haut que les estimations du déficit en 2032 effectuées par le COR étaient passées de 5 milliards dans son rapport de juin 2021 à 20 milliards dans celui d'octobre 2022, donc à 16 mois de distance seulement. De même, la taxation des tabacs demandait une étude économétrique sérieuse, bien que sans doute plus facile à mener. Comparer un déficit impossible à estimer à un bénéfice impossible à estimer n'avait pas de sens. La seule évidence était que l'on pourrait ajuster le bénéfice au déficit en fixant l'augmentation de la taxe sur les tabacs, une fois connu le résultat financier de la réforme des retraites. Rien ne s'opposait donc formellement à l'article 40, puisqu'il était impossible d'évaluer déficit et bénéfice attendus, donc l'éventuelle « diminution des ressources publiques ».

En invoquant l'article 40, la minorité gouvernementale secondée par des affidés LR qui avaient été introduits au dernier moment dans la commission des Affaires sociales n'a fait que poursuivre son refus de discuter, déjà manifesté par l'emploi des articles 49-3 et 47.

Le préambule de la proposition de Liot rappelait la nécessité de reprendre calmement la réforme en lui consacrant le temps qu'il fallait, comme l'ont fait la plupart des autres pays européens. Il faisait état de l'opposition importante et continue de l'opinion et des syndicats, mais cela a été balayé d'un revers de main.

Dans une tribune du journal *Le Monde*, l'historien politique Pierre Rosanvallon a parlé d'un conflit entre la légalité – en l'occurrence, les manœuvres du gouvernement – et la légitimité – représentée par l'opinion et les journées de manifestation. Il a été brocardé par le parti présidentiel alors qu'il s'agit exactement de cela. À propos de l'opinion et des manifestations syndicales qui ont mis dans la rue plusieurs millions d'opposants à la réforme, on peut reprendre ce que Jean-Jacques Rousseau écrit dans le *Contrat social :* « ces assemblées du peuple, qui sont l'égide du corps politique et le frein du gouvernement, ont été de tout temps l'horreur des chefs ; aussi n'épargnent-ils jamais ni soins, ni objections, ni difficultés, ni promesses pour en rebuter les citoyens ».

## Un nouveau rapport du COR ou le dénouement

Alors que la réforme était votée depuis deux mois et que toutes les possibilités de recours avaient été épuisées, le COR a publié le 22 juin un nouveau rapport dans lequel il calcule le bénéfice que le gouvernement tirera de la réforme. On aurait préféré disposer de ce document au moment des débats, mais ses résultats sont bons à prendre. Le COR a calculé que les nouvelles règles permettront en 2030 un gain de 0,2 % du PIB, soit 5,7 milliards d'euros, mais que le système des retraites restera déficitaire de 5,7 milliards. On est tenté d'utiliser la formule de Shakespeare – « much ado about nothing », soit tout cela pour rien (ou si peu). On est aussi surpris de la modicité du gain car le rapport de 2022 fixait le déficit à 17 milliards en 2030 en convention EPR. S'il est réduit à 5,7 milliards par la réforme, le gain qu'elle procurerait serait logiquement de 11,3 milliards (17 – 5,7) et non de 5,7 milliards seulement. Le hiatus tient au fait qu'entre-temps, le COR a changé sa prévision du taux de chômage à long terme, l'abaissant de 7 à 4,5 %. Il reconnaît que cela produit une économie de 11,4 milliards. Un simple changement de paramètres donne donc un résultat deux fois plus important que l'ensemble de la réforme. Ce n'est d'ailleurs pas le seul changement car le programme de stabilité du gouvernement a lui aussi été revu, ce qui explique d'autres désaccords entre les projections de 2022 et de 2023.

Avec franchise, le COR reconnaît la fragilité de ses projections, même à très court terme, comme ce passage, p. 137 du nouveau rapport, le prouve :

> « En 2020, les projections du COR montraient que le système des retraites serait déficitaire de 10,4 milliards d'euros en 2022. Ce déficit a ensuite été revu à la baisse en 2021 (–6,9 milliards). En 2022, le COR prévoyait un excédent de 1,7 milliard et au final, le système de retraite est excédentaire de 4,4 milliards. »

À deux années d'intervalle, l'erreur de prévision est donc de 14,8 milliards. Sur huit ans de 2022 à 2030, une simple règle de trois montre qu'elle serait de près de 60 milliards si le COR continue à travailler de la même manière.

Cette énorme incertitude n'empêche pas le COR de calculer ce que sera le bénéfice total (pension cumulée sur toute la durée de la retraite) attendu de la réforme à très long terme. Par exemple pour la génération née en 1984, il s'élèverait à 0,9 % du total qu'elle percevrait (p. 18). Les heureux bénéficiaires prenant leur retraite au plus tôt en 2048 si la barre des 64 ans est encore en vigueur, et devant vivre en moyenne jusqu'en 2073, voilà un argument qui ne peut que les convaincre aujourd'hui du bienfait de la réforme… en attendant le prochain rapport.

Les 30 milliards sont évoqués une seule fois dans les 429 pages du rapport, pour être à nouveau écartés car la prévision est effectuée à règles politiques constantes, donc reconduit le renflouement du régime de la fonction publique d'État. Le COR est d'ailleurs sans illusion à ce sujet :

> « Les ressources et donc le solde du système de retraite sont des notions conventionnelles. Pour une grande partie d'entre elles, elles ne dépendent pas de la nature des prélèvements

mais de décisions contingentes du législateur. » (p. 99)

Le COR se condamne ainsi à dépeindre un futur fictif, car inéluctablement, d'ici 2070, une dizaine d'autres réformes verront le jour comme par le passé, qui en a connu une tous les cinq ans environ. Le nouveau rapport a cependant un mérite, celui de montrer que la récupération des 30 milliards qui a servi de leitmotiv caché à l'action gouvernementale depuis la tentative du système à points, est ratée. Tout au plus, 5,7 milliards auront été grappillés sur le dos des plus pauvres, ceux qui ont commencé à travailler très jeunes, ceux que les périodes de chômage et d'arrêt maladie empêcheront de profiter des dispositifs alambiqués de carrière longue. On a qualifié plus haut l'attitude du gouvernement et du président de faiblesse. C'en est une nouvelle illustration : la faiblesse, c'est de s'attaquer aux plus faibles au lieu de prendre le problème à sa racine. Une autre réforme est donc inévitable, que ce soit pour purger les 30 milliards ou pour les justifier. Mais, pour réussir, cette fois, il faudra lancer une vaste consultation et organiser une large discussion ; agir démocratiquement tout simplement.

# Note sur les 30 milliards

Les 30 milliards ne sont pas un cadeau fait à la fonction publique, mais la conséquence à la fois de « l'imbrication des financements entre l'État et les caisses de retraites dans une complexité qui n'a guère d'équivalent » (Bouverin, p. 87) et du refus du même État d'affronter le changement des conditions démographiques et sociales de la fonction publique. Pour comprendre leur nature et leur raison d'être, il faut revenir aux données de base (en 2021) :

– L'État verse 55,7 milliards de pensions à la fonction publique d'État (FPE), forte de 2,5 millions d'actifs. La fonction publique d'État territoriale (FPT), avec 1,93 million d'actifs, et la fonction publique territoriale hospitalière (FPH), avec 1,21 million d'actifs, sont traitées à peu près comme le secteur privé.

– Les 55,7 milliards se répartissent en 14 milliards de cotisations salarié et employeur et

41,6 milliards de cotisations d'équilibre de l'État, qui éponge le déficit.

– Hors FPE, on compte 24,1 millions de salariés.

– Sur les 345 milliards de ressources du système des retraites, 67 % proviennent des cotisations employeurs (231 milliards) « hors FPE », 12 % de la prise en charge par l'État des cotisations de la fonction publique d'État et d'elle seule (41,6 milliards), 12 % de recettes fiscales diverses, dont 6,5 % de la CSG, la CRDS à 0,5 %, les compensations pour dispense de charges sociales, les taxes portant sur le capital, sur la TVA, etc., le tout sous le sigle ITAF (41,6 milliards), 7 % sur les transferts des allocations familiales et de l'assurance chômage pour leur attribution de droits sans prestation (24,2 milliards), 2 % pour équilibrer les régimes spéciaux autres que ceux des fonctions publiques (SNCF, RATP, gaz et électricité principalement) (6,9 milliards).

– Les ITAF et les transferts financent le régime général, mais non la FPE. Le total revenant au système général est donc de 86 % des ressources, soit 297 milliards.

– Le rapport entre actifs et retraités est de 1,7 à 1 globalement, et de 1 à 1 dans la FPE.

Ces chiffres montrent immédiatement que les cotisations de l'État pour la FPE sont à taux moindre que celles du régime général. Avec un versement par l'État de 14 milliards de cotisation pour 2,5 millions de fonctionnaires, le versement par fonctionnaire est de 5 600 euros, tandis qu'avec 297 milliards pour 24,1 millions de salariés, il est de 12 300 euros, en comprenant les transferts et les ITAF.

– Pour que le versement de l'État soit au même taux que celui du régime général, il devrait donc être de 14 × 12,3 / 5,6 = 30,8 milliards. Autrement dit, dans les 41,6 milliards de la cotisation d'équilibre figure la mise à niveau qui est de 30,8 – 14 = 16,8 milliards, ce qui la ramène à 24,8 milliards.

– Il faut maintenant tenir compte du déséquilibre démographique. Pour être dans un rapport démographique identique à celui du régime général, le versement de l'État pour la FPE serait multiplié par 1,7, soit 30,8 × 1,7 = 52,4 milliards. Cette somme représente ce que devrait être la contribution de l'État comme employeur si la FPE avait le même rapport du nombre d'actifs au nombre de retraités et les mêmes cotisations salariales et patronales que le régime général. La différence entre cette somme et la contribution totale de l'État de 55,7 milliards n'est pas énorme

(3,3 milliards). Outre le caractère approché de ces règles de trois, elle tient à deux causes : un niveau de compétence un peu plus élevé dans le secteur public – et de ce fait une espérance de vie à la retraite un peu plus longue – et l'existence de professions « actives » qui partent en retraite avec cinq ans d'avance et « super-actives » avec dix ans, par exemple les militaires et les pompiers, car ils doivent être à niveau physiquement, donc assez jeunes.

Les 41,6 milliards de cotisation d'équilibre de l'État servent donc pour l'essentiel à accorder son traitement des fonctionnaires à celui du régime général. Mais, au lieu d'aligner les taux de cotisation des différents régimes et au lieu de traiter en bloc l'ensemble du système, ce qui aurait obligé à augmenter toutes les cotisations ou à réduire toutes les pensions, ou à créer d'autres taxes pour tenir compte du rapport défavorable entre actifs et retraités dans la fonction publique d'État – rapport qui s'était dégradé à cause d'une diminution des effectifs –, l'État a introduit une subvention qui s'élève à 41,6 milliards d'euros en 2021. Cela est plus élevé que les 30 milliards qui ont fourni le leitmotiv caché au déroulement du débat sur la réforme. On les retrouve, si l'on omet d'attribuer les ITAF et transferts au régime général. Ce dernier ne disposant alors que de 231 milliards, le versement moyen par actif baisse à 9 600 euros. L'alignement des cotisations de la FPE sur le régime général s'élèverait dans ce cas à : 14 × 9,6 / 5,6 = 24,1 milliards. La différence avec le versement total de 55,7 milliards devient alors 31,6 milliards, légèrement supérieur à 30 milliards, le chiffre proposé par l'article de la revue *Commentaires*.

En bref, le déficit en 2021 atteint soit environ 30 milliards dans le dernier calcul, soit environ 25 milliards lorsqu'on tient compte de l'imputation des ITAF et des transferts. Comme on l'a indiqué au début de cette note, il est la conséquence d'un traitement séparé de la FPE et du reste des salariés, donc du non-respect du principe de la répartition, puisqu'il ne tient pas compte du rapport entre actifs et retraités dans la fonction publique. Si « Sophie Bouverin » considérait à part le régime des agriculteurs ou celui des mineurs, elle parviendrait à isoler une contribution de l'État qui n'aurait à nouveau pas d'autre cause que le déséquilibre du rapport actifs/retraités en comparaison du régime général. On arrive au même constat en comparant le taux de remplacement réel des retraités de la FPE et du régime général dont la Drees a montré qu'il est le même, autour de 75 %, bien que la composition de ce pourcentage soit très différente dans les deux cas.

Le raisonnement est analogue pour les principaux régimes spéciaux : 11,6 milliards de versements de l'État comprenant 5,9 milliards de cotisations et 5,7 milliards de subvention d'équilibre. À la SNCF, pour 139 000 cotisants, on compte 174 000 ayants droit directs et 82 000 indirects (principalement des réversions). En comptant les droits indirects pour moitié, le rapport entre actifs et retraités est de 0,65. Si on applique le même calcul que pour la fonction publique d'État avec ce coefficient, la cotisation de l'État serait nettement supérieure à ce qu'elle est en réalité. Cependant, les départs à la retraite peuvent être précoces dans les régimes spéciaux. Ainsi, à la SNCF, un retraité sur 5 a moins de 62 ans. Si l'on suppose que le régime du privé s'appliquait, ils seraient encore actifs. Le rapport de 0,65 actif par retraité doit donc être modifié en faisant passer ces jeunes retraités du côté des actifs, si l'on veut comparer les régimes à même structure démographique. Sous cette convention, on compte alors 1,06 actif par retraité. Pour mettre à l'échelle du régime général, il faut multiplier la cotisation de l'État par 1,7 /1,06 = 1,6. Les 5,9 milliards de cotisations de l'État deviennent 5,9 × 1,6 = 9,4 milliards, ce qui est inférieur à la subvention réellement attribuée de 11,6 milliards. Le supplément de cotisation de l'État (2,2 milliards) couvre donc les départs d'activité avant 62 ans, mais cette somme ne représente que 0,6 % de la dépense totale des retraites.

La conclusion est donc à peu près la même que pour la fonction publique d'État : la subvention d'équilibre tient pour l'essentiel au fait de considérer les régimes spéciaux indépendamment du régime général, donc, pour en revenir à la citation de « Sophie Bouverin », à « la complexité » sans équivalent de « l'imbrication des financements entre l'État et les caisses de retraites ». Avant de toucher à l'âge de liquidation de la retraite, le gouvernement aurait été mieux inspiré de réformer sa bureaucratie, ce qu'avaient d'ailleurs préconisé les experts qui avaient préparé la réforme par points de 2020, laquelle s'appliquait uniformément à tous les actifs, qu'ils fassent partie du privé ou de l'un des 37 régimes spéciaux.

## Petit historique des réformes du système des retraites

Un historique complet doublerait le volume de cet ouvrage. Il n'existe pas en effet un système unifié, mais des systèmes différents dont le nombre s'est élevé jusqu'à 38 (les « caisses », les « régimes spéciaux », les « complémentaires »). Quelques règles sont communes, mais beaucoup diffèrent. Aux paramètres principaux qui sont l'âge légal à la cessation d'activité, l'âge du droit au taux plein, la durée de cotisation, le calcul du niveau de la pension en fonction des cotisations versées durant la vie active, s'ajoutent la prise en compte de la pénibilité, des maternités, de la première année d'éducation des enfants, etc. La chronologie qui suit ne tient compte que des principales réformes.

– 1945 : Ordonnances de la sécurité sociale instituant un régime général de retraites :

Retraite obtenue à partir de 65 ans avec au moins 30 années d'activité, niveau de la retraite à 40 % de la moyenne des salaires actualisés des dix *dernières* années.

– 1971 : Réforme Boulin :

Niveau de la retraite porté à 50 % des dix *meilleures* années d'activité pour 37,5 années d'activité.

– 1982 : Réforme Mitterrand :

Âge au départ abaissé à 60 ans si 37,5 années d'activité. Taux plein à 65 ans.

– 1987 : Réforme Séguin :

Les dix meilleures années d'activité retenues pour le calcul du niveau de départ de la pension de retraite ne sont plus actualisées sur l'évolution des salaires, mais sur celle des prix.

– 1993 : Réforme Balladur :

La durée de cotisation est portée à 40 ans, le calcul du niveau de la pension est étendu aux 25 dernières années de cotisation, les pensions sont indexées sur l'évolution des prix et non plus des salaires.

– 2003 : Réforme Fillon :

Les retraites du secteur public sont en partie alignées sur celles du secteur privé. La durée de cotisation est portée progressivement à 41,5 ans.

– 2010 : Réforme Woerth :

L'âge auquel on peut faire valoir ses droits à la retraite est relevé à 62 ans, et le taux plein de pension, quand on ne possède par les annuités nécessaires, est repoussé de 65 à 67 ans.

– 2014 : Réforme Touraine :

La durée de cotisation est portée progressivement à 43 ans. La pénibilité au travail est mieux prise en compte dans le calcul de la pension.

– 2019 : Réforme du système à points :

Réforme avortée car passée seulement à l'Assemblée nationale (avec le 49-3), mais non présentée au Sénat.

– 2023 : Réforme Dussopt :

Voir le texte.

La plupart de ces réformes s'appliquent ou se sont appliquées progressivement, selon un échéancier qui peut être assez distendu. Ainsi, la réforme Touraine relevait la durée de cotisation d'un trimestre tous les trois ans, ce qui ne la rendait complète qu'en 2035 (la réforme Dussopt l'a accélérée).

# Notes

## Chapitre premier
### L'ART DE LA PRÉVISION ET LA MANIÈRE

1. L'ouvrage qui décrit sans doute le mieux les méthodes de projection démographique : Kenneth Wachter : *Essential Demographic Methods*, Cambridge, Harvard University Press, 2014.

2. Didier Blanchet et Françoise Le Gallo, « Retour vers le futur : trente ans de projections démographiques », in *Trente ans de vie économique et sociale*, Paris, Insee, 2014.

3. *Perspective des retraites en France à l'horizon 2030*, Paris, Conseil d'orientation des retraites, 2019.

4. *Projections démographiques à l'horizon 2070*, Paris, Insee, 2016.

5. Éric Le Bourg : « New life expectancy forecasts are too optimistic », *Biogerontology*, 2021, pp. 655-658.

Adrien Marck, Jean-Marc Jancovici, Valérie Masson-Delmotte, Gilles Bœuf *et al.* : « Are we reaching the limits of *Homo sapiens* », *Frontiers in Physiology*, 24, 2017, pp.1-12.

6. Éric Le Bourg : « Is life expectancy of French women going to plateau and oscillate ? », *Gerontology,* 2019, 65, pp. 288-293.

7. *Évolution et perspective des retraites en France, septembre 2022,* Paris, Conseil d'orientation des retraites, 2022.

8. Élisabeth Algava, Nathalie Blanpain : *Projections de population 2021-2070 pour la France,* Insee Résultats, novembre 2021.

9. *Bilan démographique 2022,* Insee Première, Paris, Insee, janvier 2023.

## Chapitre 2
## FOURCHETTES (STATISTIQUES)

1. À l'époque, la théorie de l'économiste Richard Easterlin recevait un grand écho. Selon elle, les hautes fécondités et les basses alternaient d'une génération à la suivante pour des raisons de concurrence à l'emploi : les générations les plus nombreuses étaient retardées dans leur entrées en activité et donc dans la constitution de leur famille (Richard A. Easterlin : « The American Baby Boom in Historical Perspective ». *American Economic Review* 51 (5), 1961, pp. 869-911.

2. Hervé Le Bras, Georges Tapinos : « Perspectives à long terme de la population française et leurs implications économiques », *Population,* n° 34, 1, 1979. pp. 1391-1452.

3. https://population.un.org/wpp/Download/Standard/Population/ (tableau *standard indicators*).

4. https://www.budget.gouv.fr/reperes/budget/articles/programme-de-stabilite-pstab-2022-2027

## Chapitre 3
### TRENTE MILLIARDS

1. Hervé Le Bras : « Retraites : les scénarios du COR sont irréalistes », *Le Monde*, 5-6 février 2023.
2. Hervé Le Bras : « L'incertitude est au cœur de la projection du Conseil d'orientation des retraites, *Le Monde*, 16 février 2023.
3. Sophie Bouverin : « Le système de retraites », *Commentaire*, n° 177, printemps 2022, pp. 87-96.
4. François Charpentier : *Les retraites en France et dans le monde*, Paris, Economica, 2009.

## Chapitre 4
### LOGIQUE DE L'ACTION DU GOUVERNEMENT

1. https://www.legifrance.gouv.fr/loda/id/JORFTEXT000028493476
2. *Pour un système universel de retraites*, préconisations de Jean-Pierre Delevoye, haut-commissaire à la réforme des retraites, Paris, ministère de la Solidarité, 2019.
3. Florian Bonnet, Carlo-Giovanni Camarda, Emmanuelle Cambois, Ophélie Merville : « Les ouvriers vivent moins longtemps que les cadres : combien de temps passent-ils à la retraite et en (in)activité ? », *Population et Sociétés*, n° 611, mai 2023.

## Chapitre 5
### Petites et grandes manœuvres

1. Boris Cyrulnik a été membre de la commission « Attali », dont Macron était le rapporteur général adjoint. Il avait fait plusieurs exposés convaincants sur les réformes à apporter au traitement de l'enfance.

2. *Revenus et patrimoine des ménages, édition 2021*, Paris, Insee, coll. « Références », 2021.

3. Seuil de pauvreté à 50 % du revenu médian.

4. Simone de Beauvoir, *La Vieillesse*, Paris, Gallimard, 1970.

5. Extension à toutes les catégories de travailleurs, loi Boulin augmentant de 40 à 50 % le taux de remplacement du système général.

## Chapitre 6
### La loi

1. Texte de la loi : https://www.legifrance.gouv.fr/jorf/id/JORFTEXT000047445077

## Chapitre 7
### À réforme hasardeuse, communication ratée

1. *Le regard des Français sur la réforme des retraites ; balise d'opinion 212*, Paris, Ifop, 16 février 2023.

## Chapitre 9
### Comparaisons internationales

1. *Pensions at a Glance, 2021 OECD and G20 Indicators*, Paris, OCDE, 2021.

## Chapitre 10
### La justice : une proposition

1. Claudine Berr et Marie Zins : « Épidémiologie et parcours de vie : pour faire un vieux, il faut toute une vie », *Politique de l'âge et santé*, Paris, ADSP (Actualité et dossiers de santé publique), 2013, pp. 24-27.
2. https://www.insee.fr/fr/statistiques/1893092?sommaire=1893101
3. https://ec.europa.eu/eurostat/databrowser/view/hlth_hlye/default/table?lang=fr
4. Jean-Marie Robine, Emmanuelle Cambois : « Inégalités sociales d'espérances de vie sans incapacité en France : résultats et points de méthodologie », *Médecine/science*, 16, 2000, pp. 1218-1224. Les données remontent à 1991. À cette époque, la différence entre les cadres et les ouvriers était de 1,2 année, mais la différence s'accroissait d'un dixième d'année tous les deux ans, d'où le chiffre retenu de deux années en 2023.
5. *Disparités d'exposition aux facteurs de pénibilité en milieu professionnel et inégalités sociales de santé*, Paris, Dares, rapport d'études n° 031, août 2022.
6. *L'exposition des salariés aux maladies professionnelles*, Dares résultats, rapport d'études n° 081, décembre 2016.

7. « L'espérance de vie sans incapacité à 65 ans est de 12,6 années pour les femmes et de 11,3 ans pour les hommes », *Drees* : *Études et résultats*, n° 1258, 2023.

8. Si r = taux de remplacement, t = taux de cotisation, N = nombre d'années d'activité, pour que l'équilibre du système soit conservé, la décote de la pension est de (c+t)/(c.(N+1)) et la surcote de (c+t)/c.(N−1)).

## Conclusion

1. https://www.conseil-constitutionnel.fr/decision/2023/2023849DC.htm

2. Colloque *Les français et le travail ; le divorce ?*, organisé à l'Hôtel de l'Industrie par la chaire TDTE, le 9 mars 2023.

3. L'enquête Ifop sur les intentions de vote au premier tour en 2027 d'avril 2023 attribue à Marine Le Pen entre 29 et 36 % des voix selon le candidat qui se présentera à droite ou au centre (son score en 2022 a été de 21,5 % au premier tour).

# Table

Imprimé en France par CPI
en août 2023

Composition réalisée par Nord Compo

Dépôt légal : septembre 2023
N° d'édition : 612281-0
N° d'impression : 175418